Hermann Varnhagen

Über eine Sammlung alter italienischer Drucke der Erlanger Universitätsbibliothek

Ein Beitrag zur Kenntnis der italienischen Litteratur des vierzehnten und

fünfzehnten Jahrhunderts

Hermann Varnhagen

Über eine Sammlung alter italienischer Drucke der Erlanger Universitätsbibliothek
Ein Beitrag zur Kenntnis der italienischen Litteratur des vierzehnten und fünfzehnten Jahrhunderts

ISBN/EAN: 9783743473270

Hergestellt in Europa, USA, Kanada, Australien, Japan

Cover: Foto ©ninafisch / pixelio.de

Weitere Bücher finden Sie auf **www.hansebooks.com**

ÜBER

EINE SAMMLUNG

ALTER ITALIENISCHER DRUCKE

DER

ERLANGER UNIVERSITÄTSBIBLIOTHEK.

Ein Beitrag zur Kenntnis
der
italienischen Litteratur
des
vierzehnten und fünfzehnten Jahrhunderts.

Nebst zahlreichen Holzschnitten.

Von

HERMANN VARNHAGEN.

ERLANGEN.
FR. JUNGE'S VERLAGSBUCHHANDLUNG.
1892.

K. b. Hof- u. Univ. Buchdruckerei von Fr. Junge (Junge & Sohn), Erlangen.

Inhalt.

Nachträge.

Zu No IV (S. 24): Eine weitere Ausgabe des *Trastullo* besitzt die Wolfenbütteler Bibliothek (vgl. Milchsack·D'Ancona, Due Farse 292). — Zu No VIII: Eine weitere Ausgabe ist in Wolfenbüttel (vgl. ebd. 281).

Erst nachdem meine Schrift fertig gedruckt war, konnte ich den bei Milchsack-D'Ancona a. a. O. beschriebenen Sammelband italienischer Drucke der Wolfenbütteler Bibliothek an Ort und Stelle — denn nach auswärts versandt wird er nicht — einsehen und trage nun zu den Holzschnitten der Erlanger Sammlung noch Folgendes nach. Zu No VII: Derselbe Holzschnitt findet sich in der Wolfenbütteler Ausgabe. — Zu No X: Derselbe Titelholzschnitt wie in der Erlanger und der Münchener Ausgabe findet sich in der Wolfenbütteler; ausserdem hier noch ein weiterer. — Zu No XII: Von den vier Holzschnitten der Erlanger Ausgabe findet sich der erste wieder als einziger in der Wolfenbütteler Ausgabe der Griselda, ausserdem als erster neben andern in der dortigen Ausgabe der *Rappresentazione della Reina Hester* (vgl. Milchsack-D'Ancona 205). Der dritte Holzschnitt steht auch auf dem Titel der Wolfenbütteler Ausgabe des *Innamoramento di Cassandra et Consubrino* (vgl. Milchsack-D'Ancona 274). Endlich der vierte Holzschnitt findet sich wieder in der Wolfenbütteler Ausgabe von *Giasone e Medea* (vgl. Milchsack-D'Ancona 187). — Zu No XIV: In der Wolfenbütteler Ausgabe findet sich nur ein Holzschnitt, und zwar unser zweiter. — Zu No XX: Das Mittelstück, aber ohne den Rahmen, findet sich auch in der Wolfenbütteler Ausgabe. Jedoch sind hier die beiden Scharfrichter und einzelne Teile schwarz gehalten.

Der am 18. Juli 1769 verstorbene Nürnberger Arzt und Naturforscher Christoph Jakob Trew* hatte eine sehr umfangreiche Bibliothek von 25000 Bänden gesammelt, welche nach seinem Tode laut letztwilliger Verfügung der Universität Altorf zufiel. Nach Aufhebung der letztern gelangte sie i, J. 1818 in den Besitz der Erlanger Universitätsbibliothek, wo sie sich jetzt noch befindet**.

Diese Trewsche Bibliothek enthält nicht nur medizinische und naturwissenschaftliche, sondern auch mancherlei andere Werke. Zu den letztern gehört eine Sammlung alter italienischer Drucke. Dieselben waren ehemals in einem Bande vereinigt; erst vor kurzem hat man diesen auseinandergenommen und die Stücke einzeln binden lassen.

Auf welche Weise die Sammlung in den Besitz Trews gelangt ist, weiss man nicht. Bedenkt man aber, dass zwischen Nürnberg und Italien rege Handelsbeziehungen bestanden und dass die Nürnberger Patriziersöhne bis in die zweite Hälfte des siebzehnten Jahrhunderts mit Vorliebe italienische Universitäten besuchten***, so ist es nicht weiter auffällig, dass eine solche Sammlung ihren Weg nach Nürnberg gefunden hat.

Dieselbe ist sehr wertvoll, mit Rücksicht sowohl auf die grosse Seltenheit als die im allgemeinen ausgezeichnete Erhaltung sämtlicher, teilweise mit vortrefflichen Holzschnitten versehenen einundzwanzig Stücke.

Dieser Umstand ist die Veranlassung zu der folgenden Beschreibung derselben, wobei zugleich, soweit dies wünschenswert erscheint, der Inhalt der einzelnen Stücke verzeichnet werden und die litteraturgeschichtlichen Fragen, welche sich an dieselben knüpfen, zur Erörterung gelangen sollen.

Ich behalte dabei die Reihenfolge bei, welche die Stücke in dem Sammelbande gehabt haben.

Keiner der Drucke enthält eine Angabe bezüglich des Druckers, Druckortes und Druckjahres, mit alleiniger Ausnahme von No XVI, wo sich am Schlusse ein Namen findet, dessen Bedeutung jedoch nicht ohne weiteres klar ist.

* Vgl. über ihn besonders M. Reess, Über die Pflege der Botanik in Franken (Erlangen 1884, Prorektoratsrede) 9. — ** Vgl. Engelhardt, Die Universität Erlangen von 1743—1843 (Erlangen 1843) 150. — *** Vgl. Reess a. a. O. 46.

Es ist also zu versuchen, die Drucke nach dieser Richtung hin, soweit als möglich, zu bestimmen.

Dabei kommen als Kriterien, abgesehen von solchen, welche durch den Inhalt und die Entstehungszeit der Schrift, falls diese bekannt, geboten werden, typographische Momente und der sprachliche Charakter in Betracht. Was die erstern betrifft, so sind die Typen, die etwa vorhandenen Holzschnitte und das Papier zu berücksichtigen.

Die Typenvergleichung ist bekanntlich für die Lokalisierung und Datierung von Drucken von grösster Bedeutung. Indessen ist dabei Voraussetzung, dass man eine möglichst grosse Anzahl von Drucken vergleichen kann, von welchen Drucker, oder wenigstens Druckort, und Jahr bekannt sind. Da dies bei mir nur in sehr bescheidenem Maasse der Fall ist, so kann dies Kriterium im wesentlichen nur innerhalb der Drucke der Trewschen Sammlung zur Anwendung kommen.

Besser ist es mit dem durch die Holzschnitte gebotenen Kriterium bestellt. H. Delaborde hat in der Zeitschrift *L'Art* 1883, II 45 fl. und 81 fl. über die florentinische und venezianische Bücherillustration im 15. Jahrh., bzw. von 1490—1510 gehandelt. Ebenso R. Fisher, Introduction to a Catalogue of the Early Italian Prints in the Brit. Mus. (London 1886) Kap. 11 und 19—21. Jedoch das hier in erster Linie in Betracht kommende grundlegende Werk ist F. Lippmann, Der italienische Holzschnitt im XV. Jahrh. (Jahrb. der preuss. Kunstsamml. III und V. 1882—4); auch in teilweise umgearbeiteter und erweiterter englischer Übersetzung erschienen u. d. T.: The Art of Wood-Engraving in Italy in the fifteenth Century (London 1888) *. Hier heisst es: „Überblicken wir die Leistungen der Holzschneidekunst in Italien im Laufe des fünfzehnten Jahrhunderts **, so ergeben sich einige Gruppen von mehr oder minder abgeschlossenem Charakter. Die eine, der Zahl der Werke nach kleinste Gruppe umfasst die primitiven Holzschnittarbeiten, welche in den Offizinen von Rom und Neapel von eingewanderten Druckern selbst oder für sie gefertigt wurden. Eine zweite, ziemlich scharf begrenzte Gruppe bildet die florentiner Xylographie, die sich in der kurzen Epoche etwa von 1490 bis ungefähr 1500 in besonderer, höchst anziehender Eigenart entwickelt. Die dritte, grösste und vielgestaltigste Gruppe bildet der oberitalienische Holzschnitt. Der Charakter der oberitalienischen Xylographie wird im allgemeinen durch den Typus der venezianischen und Mantegnesken Schule bestimmt" (Lippmann III 6).

---

* Wo die Übersetzung vom Originale abweicht — es gilt dies besonders bezüglich der in der erstern gegenüber dem letztern nicht unerheblich vermehrten Zahl der Holzschnittreproduktionen — verweise ich mit *Wood-Engr.* auf die Übersetzung. — ** D. h. von der Mitte der sechziger Jahre an, wo in Italien die ersten Bücher gedruckt wurden; denn in diesem Lande „scheint die Kunst des Holzschneidens vor der Einführung des Buchdrucks überhaupt nicht ausgeübt worden zu sein" (Lippmann III 8).

Wenden wir uns der florentiner Gruppe zu. „In ihrem spezifischen Charakter unterscheiden sich die florentiner Holzschnitte sehr scharf sowohl von den primitiven deutsch-italienischen, als auch von den Erzeugnissen der Holzschneidekunst, die sich in Venedig und Oberitalien entwickelte. Die Illustrationen machen den Hauptteil der für uns in Betracht kommenden Werke aus. . . . Es sind meistens kleine, vignettenartige Bildchen von festem Schnitt der vorwiegend in Umrissen gegebenen Zeichnung, die Schatten sehr dunkel gehalten und vielfach durch eine weitgehende Anwendung stehen gelassener, im Drucke schwarz wirkender Flächen des Holzstockes erzielt. In diese Schattenpartien sind dann, fast nach Art der Schrotblätter, Einzelheiten des Terrains und der Gründe weiss eingeschnitten. . . . Diese besondere Behandlungsweise kommt ausser in Florenz fast nirgends wieder in gleicher Art vor" (Lippmann III 167).

Diese florentiner Manier hat nur ein kurzes Dasein gehabt. „Nur in der kurzen Epoche von 1490 bis etwa 1510 scheint es in Florenz Xylographenwerkstätten gegeben zu haben, in denen der spezifische Charakter der florentiner Schule lebendig wirksam wurde und in origineller Weise zum Ausdruck gelangte" (Lippmann III 189). Zwar kommen noch nach dieser Zeit Volksbücher mit Holzschnitten von florentinischem Typus vor. „So lange bei den fortwährend gemachten Neudrucken dieser Volksbücher die alten Holzstöcke vorhalten und die Abzüge wenigstens den Gegenstand der Darstellung noch irgendwie leidlich erkennen lassen, werden sie bis zur völligen Ausnützung gebraucht. . . . Noch am Ende des XVI. und mitunter noch im XVII. Jahrhundert tauchen jene Holzstöcke in den Volksbüchern immerfort wieder auf" (Lippmann a. a. O.).

Auf die Eigentümlichkeiten des römisch-neapolitanischen und des oberitalienischen Holzschnitts einzugehen, ist, wie sich bald zeigen wird, keine Veranlassung.

Was das Papier betrifft, so zeigen die meisten Drucke unserer Sammlung das starke, schöne Papier, welches die Bücher aus dem 15. und dem Anfange des 16. Jahrhunderts aufzuweisen pflegen. Nur No IV, VI, XI, XVII und XIX haben ein etwas geringeres Papier.

Abgesehen von A. Zonghi, Le Marche principali delle Carte fabrianesi dal 1293 al 1599 (Fabriano 1881), liegen Arbeiten darüber, wie die zahlreichen Wasserzeichen der italienischen Papiere sich auf die verschiedenen Städte, in denen sich Papierfabriken befanden, verteilen, nicht vor. G. Sardini, Esame sui Principj della francese ed italiana Tipografia (Lucca 1796—98) bespricht II 147 fl. nur die Wasserzeichen der von dem hervorragenden venezianischen Drucker Niccolò Jenson verwendeten Papiere, die er auf zwei angehängten Tafeln reproduziert. G. Antonelli, Ricerche bibliografiche sulle Edizioni ferraresi del Secolo XV (Ferrara 1830) reproduziert S. 95 fl. nur die Wasserzeichen der ferraresischen Drucke. Endlich bei D. Urbani, Segni di Cartiere antiche (Venezia 1870) werden nur die Wasserzeichen

— 4 —

in venezianischen Drucken bis z. J. 1500 und ausserdem in paduanischen Handschriften des 14. und 15. Jahrhunderts berücksichtigt*.

Übrigens ist bei Schlüssen bezüglich des Druckortes aus den Wasserzeichen auch zu berücksichtigen, dass ein umfangreicher Handel mit Papier von Stadt zu Stadt getrieben wurde, so dass, wenn z. B. das Papier eines Buches nachweisbar aus einer Papiermühle in Venedig stammt, daraus noch nicht ohne weiteres folgt, dass auch der Drucker in Venedig gewohnt hat**.

Was endlich die Sprache der Texte der Trewschen Sammlung betrifft, so findet sich überall die Schriftsprache, aber in einigen derselben mit mundartlichen Elementen durchsetzt.

Ich beginne mit No XVI, weil sich hier am Schlusse ein Namen findet: *Ioannes, dictus Florentinus*. Wer ist das?

Es liegt nahe, an Giovanni Fiorentino, den Verfasser des *Pecorone* zu denken, obwohl derselbe, wie bekannt, in dem Sonett, in welchem er sich nennt, sich nicht die Bezeichnung *Fiorentino* beilegt. Dies ist (nach Zambrini, Op. volg.[4] 475) in der That von G. Poggiali in der Vorrede zu seiner Ausgabe des *Pecorone* geschehen. Derselbe kannte den Namen aus einem Gedichte in Oktaven *La Hystoria del Mondo fallace* (vgl. Brunet, Man. III 218; ungenau auch bei Haym, Bibl. ital. II 15 der Ausgabe von 1803 und hiernach bei Zambrini u. a. O.), das in der jüngern von zwei Ausgaben (vgl. E. Gorra, Giorn. stor. XV 237) o. O. u. J. am Ende die Angabe *Ioannes Florentinus* hat. Doch hat Poggiali dieses Buch nicht selbst eingesehen und bezweifelt die Richtigkeit einer solchen Identifizierung, während er in Beziehung auf ein anderes Gedicht in Oktaven, *Monte dell' Orazione*, das in einer Ausgabe ebenfalls jenen Namen aufweist (in den bei Hain, Repert. bibliogr. 11576 und 11577

* Nach der Angabe bei Ottino e Fumagalli, Biblioth. bibliograph. ital. (Roma 1889) No 164. Das Buch selbst ist mir nicht zugänglich. — ** Wenn sich also auch Schlüsse aus den Wasserzeichen der in den Drucken der Trewschen Sammlung verwendeten Papiere nicht ziehen lassen, mögen diese Zeichen doch hier angeführt sein, soweit sie bestimmbar sind, denn alle sind mehr oder weniger überdruckt und infolge des Bindens teilweise verdeckt. No I hat die verschiedensten Wasserzeichen, u. a. eine Gans in einem Kreise, eine Brille in einem Kreise (H. F. Brown, The Venetian Printing Press 25 erwähnt *paper from Pescia, with the mark of the eye-glasses*), ein Majuskel-*M* (vgl. Zonghi No XXI), eine Art Malteserkreuz ohne Kreis (Sardini Fig. 18 hat dasselbe mit Kreis), zwei gekreuzte Hacken (verschieden von Fig. 56 bei Sardini) in einer durch vier Halbkreise gebildeten Umrahmung. No II und Bogen *a* von No XXI haben eine Lilie (vgl. Zonghi No XIX), No IV und XVII eine Wage in einem Kreise (vgl. Sardini Fig. 1—3; Antonelli Tafel 1 und 3; Zonghi No LXIX), No VIII das schon erwähnte Majuskel-*M*, Bogen *c—e* von No XXI ein Malteserkreuz in einem Kreise (verschieden von dem von No II, No XI verschiedene nicht bestimmbare, auf dem letzten Blatte eine Lilie in einem Kreise. Die Wasserzeichen von No V—VII, IX, X, XII—XV, XVIII—XX sind ohne weitere Hülfsmittel nicht bestimmbar. Endlich No XVI und Bogen *b* von No XXI sind ohne Wasserzeichen.

sowie bei Brunet, Mon. III 1848 erwähnten Ausgaben fehlt diese Angabe), mit Rücksicht auf die Verschiedenheit des Stils eine solche Identifizierung für unmöglich erklärt, wozu Zambrini a. a. O. bemerkt: *Ed ha ragione.*
Gorra a. a. O. erklärt, er habe die *Hystoria del Mondo fallace* eingesehen, aber nichts spreche für eine Zuweisung dieser Dichtung an den Verfasser des *Pecorone*; der geringe dichterische Wert lege direkt gegen eine solche Annahme Zeugnis ab. Dann fügt er noch hinzu: *Non pochi poemetti popolari antichi, per lo più d'argomento morale e religioso, portano il nome di un Giovanni Fiorentino*; ne esistono esemplari a stampa alla Palatina di Firenze.*

Ein Beweis gegen die Identität dieses Ioannes (dictus) Florentinus mit dem Verfasser des *Pecorone* liegt in diesen Ausführungen, die im wesentlichen doch subjektiver Natur und nicht näher begründet sind, nicht.

Nun bietet zwar unsere No XVI keine Handhabe zu einer endgültigen Entscheidung dieser Frage. Wohl aber ist dies bei einem andern Gedichte der Fall, das ebenfalls in der Erlanger Sammlung vorhanden ist, wenngleich nicht in derjenigen Ausgabe, welche diese Frage zu entscheiden ermöglicht.

Das alsbald zu besprechende Gedicht No XIX *La Guerra di Parma* behandelt ein historisches Ereignis aus d. J. 1495, kann also nicht vor diesem Zeitpunkte verfasst sein. Aller Wahrscheinlichkeit nach von eben diesem Gedichte, sicher aber von einem, welches dasselbe Ereignis behandelt, besassen Heber und Libri eine Ausgabe, in der unser Johannes genannt ist. In der Bibliotheca Heberiana IX wird unter No 2491 ein Sammelband von zehn verschiedenen italienischen Schriften angeführt. Als No II steht: *Poema sulle guerre di Carlo VIII. in Italia, Joannes dictus Florentinus, s. a.* Und Libris Katalog von 1847 verzeichnet No 1267: *(Impresa del re Carlo VIII in Italia) per Joannes dictus Florentinus. Senza luogo ed anno**.* Dazu eine Anmerkung Libris: *Il (l'opuscolo) contient une relation de l'espédition de Charles VIII en Italie.*

---

* Dahin gehört eine Ausgabe der *Historia di S. Eustachio* (vgl. Milchsack-d'Ancona, Due Farse 116), eine Ausgabe der *Historia della Regina Oliva* (vgl. ebd. 162) und eine bis jetzt unbekannte, der Hof- und Staatsbibliothek in München (P. o. ital. 331. 4°) gehörige Ausgabe der *Istoria del Geloso da Fiorenza*. Alle drei zeigen am Ende: *Ioannes dictus Florentinus.*
Über andere Ausgaben des *Geloso* vgl. Quadrio, Della Storia d'ogni Poesia IV 365; Passano, Novellieri Ital. in Verso 59 und Milchsack-d'Ancona a. a. O. 133. Die Münchener Ausgabe hat 6 Blätter mit den Signaturen *a II* und *a III*, zweispaltig, römische Schrift, auf jeder Seite, einschliesslich der ersten, 10, auf der letzten nur 9, im ganzen 119 Strophen.
** Wahrscheinlich ist das Exemplar Libris mit demjenigen Hebers identisch. Der Umstand, dass der Titel bei Libri in Klammern gesetzt ist, zeigt, dass er von Libri stammt, offenbar weil dem Exemplare der Titel fehlte. Die Fassung des Titels bei Heber ist sehr ungewöhnlich und erweckt den Verdacht, dass derselbe ebenfalls vom Verfasser des Katalogs herrührt, jedenfalls aus demselben Grunde. Ausserdem finden sich von den übrigen neun Stücken des Heberschen Sammelbandes mindestens sieben in Libris Kataloge wieder. No I = Libri 1081, No III = Libri 1059.

Nun hat der Verfasser des *Pecorone*, wie er selbst angiebt, seine Novellen-sammlung i. J. 1378 begonnen, er kann also nicht ein Gedicht, das sich auf ein Ereignis aus d. J. 1495 bezieht, geschrieben haben. Hierdurch ist die Nichtidentität des Ioannes (dictus) Florentinus mit dem Verfasser des *Pecorone* erwiesen.

Aber es entsteht nun die weitere Frage: Was ist dieser Ioannes (dictus) Florentinus? Ist er der Verfasser der seinen Namen tragenden Schriften? Brunet, Manuel und Grässe, Trésor haben dies wenigstens in Beziehung auf den letzt-erwähnten, in Libris Besitze befindlichen Druck angenommen. Aber der Name des Verfassers pflegt in den italienischen Drucken durch ein *composto (compilato) per (da)* oder ein blosses *di* angezeigt zu werden, auch nicht am Ende zu stehen, wie dies hier der Fall zu sein scheint. Ein *per* dient vielmehr ganz allgemein, mit und ohne voranstehendes *stampato* oder *impresso*, zur Einführung des Namens des Druckers. Zu dem nämlichen Ergebnisse kommt man für diejenigen Drucke, in denen der Ioannes dictus Florentinus sich ohne vorgesetztes *per* findet. Ein solcher blosser Name am Schlusse dient ebenfalls zur Angabe des Druckers[*]. Wir haben also in unserm Johannes den Drucker der seinen Namen tragenden Bücher zu sehen.

Anders muss das Verhältnis dieses Mannes zu einem Werke gewesen sein, welches F. Fossius, Catalog. cod. saec. XV. impress. (Florentiae 1793—95) II 103 (und wohl nach ihm Hain, Repert. bibliogr. No 10248) verzeichnet: *Incipit liber Lucani Cordubensis poetæ clarissimi editus in vulgari sermone*. Am Schlusse steht: *Explicit Liber Lucani ... translatus per ... L. de Montecello* (so! Druckfehler für *Monticello*) ... *Impressum Venetiis per me Manfredum de Strega: M.CCCCLXXXXV. die ...* Und dahinter: *Ioannes dictus Florentinus*. Hier sind also bereits der Verfasser des Ur-textes, der Übersetzer ins Italienische und der Drucker genannt. Welche Rolle unser Johannes hier spielt, ist nicht klar. Aber man kann wohl als sicher annehmen, dass er in irgendwelcher Weise bei dem Drucke beteiligt war, vielleicht als Setzer, möglicherweise auch als Korrektor[**].

Jedenfalls aber ersehen wir aus dieser Angabe, dass er i. J. 1495 in Venedig gelebt hat. Und es ist also mindestens wahrscheinlich, dass unser Druck No XVI

No IV = Libri 1118 oder 1119, No V = Libri 1436, No VII = Libri 1552, No IX = Libri 1557, No X = Libri 1441. Libri hat auch sonst Sammelbände auseinandergenommen; vgl. z. B. seine Bemerkung zu No 1054, wo es sich um einen Band aus der Bibliothek Hibbert handelt. — [*] Vgl. z. B. bei G. Ferrario, Storia ed Analisi degli Rom. di Cavall. IV 9, wo unter einem Drucke von 1481, abgesehen vom Datum, nur steht: *Zorzo U'Valch delemagna* (d. h. Georg Walch, ein venezianischer Drucker). — [**] Über die Bedeutung der verschiedenen Termini am Schlusse von Druckwerken handelt — kurz und nicht abschliessend — H. F. Brown, The Venetian Printing Press (London 1891) 24. Aber Fälle wie die obigen erwähnt er nicht. Ein Verzeichnis von Korrektoren von Druckwerken giebt Maittaire, Annales typographici I 108 ff. Unser Johannes ist aber nicht darunter. Burger, Register zu Hains Repert. bibliogr. 105 weiss offenbar mit dem Namen nichts anzufangen.

wie die übrigen uns seiner Druckerei hervorgegangenen um 1500 in Venedig gedruckt sind *.

Zu dieser Lokalisierung stimmt der sprachliche Charakter wenigstens der beiden mir zugänglichen seiner Drucke **, unserer No XVI und des oben erwähnten, in München vorhandenen Druckes des *Geloso da Fiorenza*. Im *Geloso* finden sich: *comenzo*, *brazzo*, *abrazzamenti*, *fazza*, *corrozato*, *trazza*, *minazza*, *bonazza*, *conzare*, *pellizone*, *baso* (= *bacio*), *basare*, *croxe* (= *croce*), *noxe* (= *noce*), *damisella*, *casone*, *rasonare*, *musone*, *busio*, *prisone*, *usso* (= *uscio*) ***. In unserm Drucke No XVI tritt das mundartliche Element mehr zurück. Gleichwohl haben wir hier: *arzone*, *pellizza*, *fassa* (= *fascia*), *usso*, *malausa*, *imprisonato*, *musone*, *rasone*. Alle diese Erscheinungen finden sich in andern gleichzeitigen venez. Drucken, wie sie auch aus den ältern venez. Texten (Cato, Pateg, Ugaçon, Exempelbuch, Proverbia, Bestiarius) bekannt sind.

Ich wende mich zu No XIX, in welchem Gedichte das Gefecht bei Fornuovo am 6. Juli 1495 behandelt wird.

Zunächst lässt sich die Heimat des Dichters bestimmen. Das Ereignis, um welches es sich handelt, ist das folgende. Karl VIII. von Frankreich hatte mit leichter Mühe das Königreich Neapel erobert. Indessen trat bald ein Umschwung zu seinen Ungunsten ein, und er sah sich genötigt, nach Frankreich zurückzukehren. Inzwischen aber war „auf Anstiften Ludovico Moros eine grosse Ligue gegen Frankreich zustande gekommen, der in Italien ausser dem Herzoge von Mailand Venedig, Papst Alexander VI. und natürlich der depossedierte Ferdinand II. von Neapel beitraten, ausserhalb Italiens aber Ferdinand von Arragonien und Isabella von Castilien sich anschlossen. Ein Heer der Ligue verlegte Karl, als er aus Toskana kam, bei dem Herniedersteigen von dem Apennin in das Thal des Taro bei Fornuovo den Weg, wurde aber von ihm am 6. Juli 1495 in einem nur einstündigen Gefechte total geschlagen“ (H. Prutz, Staatengesch. des Abendlandes im Mittelalter II 815). Also der Anstifter der Ligue war Ludovico Moro, Herzog von Mailand. In unserm Gedichte aber wird entgegen dieser historischen Thatsache dies Verdienst für Venedig in Anspruch genommen und zwar unter einer überschwenglichen Verherrlichung dieses Staates. Die Italia wendet sich in ihrem Unglücke, von allen verlassen, hülfeflehend an ihre Tochter Venetia, welche als *figlia bella* (Str. 3), *nobil*

---

* In den Verzeichnissen venezianischer Drucker bei C. Castellani, La Stampa in Venezia (Venezia 1889) XXXIII d. und bei Brown a. a. O. 397 fl. findet sich unser Johannes nicht, was sich daraus erklären wird, dass er in den aus seiner Druckerei hervorgegangenen Büchern seinen Druckort nicht angab. — ** Die übrigen mit verschiedener Schrift gedruckt sind, der Geloso mit römischer, No XVI mit gotischer. — *** Die Reime rimaso : baso (= bacio) in Str. 43, bonazza : piazza : fazza in Str. 46 und trazza : piazza : minazza in Str. 81 wird man demnach mit einiger Wahrscheinlichkeit als auf einen venez. Verfasser hinweisend ansehen dürfen.

verginella (ebd.), *sacrata regina* (5), *dolze figliola* (ebd.), *Venetia gloriosa* (6), *l'inclita Vinetia* (25), *la regina Venetia* (36) gefeiert wird. Vgl. ferner in der Anrede der Italia: *Io so che sei tanto potente Che riuccristi tre colunta gente* (4) und: *Per terra e mare si spandi per tutto Le tuo' gran forze, e sei più luminosa D'argento e d'oro* (6). Venedig schickt nun nach verschiedenen Richtungen Gesandte und bringt das Bündnis zustande.

Die Entstellung der Thatsache zu Gunsten Venedigs in Verbindung mit dieser Lobpreisung weisen darauf hin, dass der Dichter in Venedig wohnte, wozu auch die Erwähnung des *gran leone* (7 und 8) und von *San Marco* (25) passt.

Hierzu stimmt der sprachliche Charakter*, zunächst wie er sich aus den Reimen ergiebt. Es entsteht *o* aus lat. *u* in geschlossener Silbe in *assonte* (geschrieben *assompte*): *fronte* — *pronte* (geschrieben *prompte*) 10; *assonte* (geschrieben *assonte*): *monte* 73; *aponto* — *agionto*: *pronto* (geschrieben *prompto*) 66. Ebenso in den altvenez. Texten. — Die Verbindung *cj* ergiebt *z*; vgl. *brazo*: *Galeazo* 34, *Franza*: *speranza* — *burbanza* 41. Die altvenez. Texte schreiben *ç* oder *z*. — In Str. 34 reimt *sagio* mit *Galeazo* — *brazo*. Dieser unreine Reim verwandelt sich in einen reinen, wenn man das schriftsprachliche *sagio (saggio)* durch das venezianische *sazo* (vgl. *curiazi* 41 etc. *= carriaggi*) ersetzt. — Das *t* von *tr* zwischen Vokalen ist geschwunden in *pare*: *fare* — *intrare* 18. Ebenso in den altvenez. Texten. — Auf die beiden Verse 69,₂ und 73,₁ wo eine

---

* Ungenach hat in seiner Ausgabe die Sprache des Textes ausführlich behandelt. Aber seine Ausführungen sind vielfach zu beanstanden. Ich berichtige nur das Wichtigste von seinen Angaben über das mundartliche Element. 3. *ie* nach Kons. + *r* (*priego*, *triegua* etc.) wird als nicht florentinisch bezeichnet. Aber Meyer-Lübke, Ital. Gr. § 88, auf den U. sich für das „nicht florent." beruft, hebt ausdrücklich hervor, dass „die alte Sprache" das *ie* in dieser Stellung noch kenne, und verweist auf Brunetto Latini. Aber noch die florentiner Drucke aus dem 15. und dem Anfange des 16. Jahrh. (ob noch später, weiss ich nicht) zeigen ganz gewöhnlich *priego*, *briere*, *griere* etc. — Ebensowenig sind *giente* und *cierto* als nicht florentinisch zu bezeichnen. Die alten florentiner Drucke weisen dergleichen häufig auf. — 4. Wie mit *ie* nach Kons. + *r* verhält es sich mit *uo* in gleicher Stellung: *truora*, *pruora* etc. sind in den alten florentiner Drucken nichts Seltenes. — 18. Ganz misslungen ist die Erklärung von *scaciati* und *saciati*. Ersteres ist die schriftsprachliche Form, und *saciati* ist wohl sicher blos verschrieben dafür. — 24. Das seltene Auftreten von geminierten Konsonanten möchte U. auf „bologneschen Einfluss" zurückführen. Aber die Konsonanten-gemination ist in den Hss. und alten Drucken überhaupt sehr inkonsequent. So finden sich z. B. in den ersten 450 Versen der *Pistole* Luca Pulcis in einer sonst sorgfältigen florentiner Ausgabe von ca. 1495 (beschrieben bei Fossius, Catalog. II 426 Z. 13 ff.): *apropia*, *freddo* (neben *freddo*), *adolorare*, *mezo*, *lezo*, *rezoso*, *richo* (neben *ricco*), *fiacho*, *stracho*, *machie*, *nochiere*, *orechi*, *acompagna*, *annunzi*, *alegreza* etc. Andrerseits *faccendo*, *eterno* (*et = tt*). — 55. In *chiamau* statt *chiamano* liegt doch kein mundartlicher Zug. — Nicht zu billigen ist auch die Bezeichnung von Erscheinungen als „vorzugsweise" diesem oder jenem Dialekte angehörig, weil der Leser dadurch zu ganz falschen Schlüssen angeleitet wird, denen auch U. selbst nicht entgangen ist, indem er S. 7 von „zahlreichen Einflüssen der norditalienischen Dialekte, speziell des venezianischen, lombardischen und emilia-nischen" spricht.

Silbe zuviel vorhanden ist, welche bei Einführung der venez. Form *min* für *miglia* schwindet, hat bereits Ungemach S. 9 seiner später zu nennenden Ausgabe hingewiesen.

Auch ausserhalb des Reimes finden sich mancherlei aus den altvenez. Texten bekannte Erscheinungen. Besonders die folgenden. *i*-Umlaut in *rinti* 20, 38, 69 (zweimal), 70, *quilli* 45, 56 (auch Sgl. *quil* 49), *quisti* 65, *rutti* 45 (woneben *rotti* 67), *siguuri* 61 (woneben *siguori* 8, 72). — *o* aus lat. *ü* in geschlossener Silbe in *agianti* 3, *agiunto* 39, *agionse* 62 (woneben *giunson* 1). — *ol* für lat. *au* in *oldendo* 46 (woneben *udire* 27). — *fiola* 2 (woneben *figliola* 5), *fioli* 67 (woneben *figlioli* 2). — *Franza* 26, 27 etc. (woneben *Francia* 76), *Franzosi* 26, 42, 65 etc. (woneben *Frauciosi* 1, 57 etc.), *comenzo* 42, 45, 46, 67, *cominzo* 62, 66, *cominzarno* 75 (woneben *cominciato* 69), *lanza* 47, *arzone* 22, 38, 50, 53, 56, *forse* 58, *curinzi* 41, 68, 73, 74, *stasone* 54, *raxon* 9 (woneben *ragion* 9), *preson* 57, 66. Dazu eine Anzahl von Eigennamen: *Trinlzi* 31 (= *Trirulci*), *Rainnzo* 33 (= *Rannuccio*), *Doza* 35 (= *Docea*), *Zenora*, *Zenan* 36, 60 (= *Genura*), *Arzenton* 29 (= *Argenton*). — *Piero* 60 (= *Pietro*), *arieta* 45 (woneben *udrieto* 46), *reru* 14 (= *redrà*).

Der Gebrauch schriftsprachlicher Formen da, wo der Verfasser, den Anforderungen des Reimes bezw. Metrums entsprechend, nur die venez. Formen gebraucht haben kann, führt, so inkonsequent auch sonst in venez. Volksbüchern die Verwendung von Venezianismen ist, zu dem Schlusse, dass die vorliegende Ausgabe nicht die Editio princeps und, wenigstens wahrscheinlich, auch nicht in Venedig gedruckt ist. Es liegt vielmehr die Annahme nahe, dass die Editio princeps in dem oben erwähnten Drucke erhalten ist, welcher von Ioannes dictus Florentinus, also in Venedig, gedruckt ist.

Bezüglich der Abfassungszeit des Gedichts hat Ungemach S. 6 wahrscheinlich gemacht[*], dass dasselbe zwischen dem Juli 1495 — welches Datum als *terminus a quo* feststeht — und dem Sommer 1499 geschrieben ist[**]. Es spricht aber ferner

---

[*] Zwei einen *terminus ad quem* abgebende historische Thatsachen hat Ungemach nicht erwähnt. Als das Gedicht geschrieben wurde, muss Ludovico Moro noch nicht von seinem Geschicke ereilt worden sein, denn es heisst von ihm (Str. 23): *non stimando un fico gli suo' nimici, tanto è lui ferroce*. Er musste aber bereits im Sommer 1499 fliehen, und seine Rückkehr im Anfange d. J. 1500 führte nach kurzer Zeit zu seiner Gefangennahme, womit seine politische Laufbahn endete. Das andere Ereignis ist der Tod König Karls VIII. am 7. April 1498. Wäre das Gedicht nach diesem Zeitpunkte verfasst worden, so würde der Verfasser den König Karl zur Unterscheidung von seinem damals regierenden Nachfolger gewiss mit Namen genannt haben. Das thut er aber nicht ein einziges Mal. Er spricht von ihm nur als *el re di Galli*, *el re di Franza* und ähnlich, einmal spöttisch als *el re de li Capponi* (Str. 5; s. dazu Ungemachs Bemerkung). Wir dürfen hiernach die Abfassung des Gedichts in die Zeit zwischen den 6. Juli 1495 und den 7. April 1498 setzen. — [**] Und zwar, füge ich hinzu, wie die zahlreichen Namen und manche Einzelheiten vermuten lassen, auf Grund von Mitteilungen eines an dem Gefechte beteiligten *condottiere*.

die Wahrscheinlichkeit dafür, dass — ganz abgesehen von dem, was oben über die Zeit, in welcher Ioannes dictus Florentinus druckte, gesagt wurde — beide Ausgaben vor 1500 gedruckt sind. Andere Ereignisse mussten das Interesse an dem Gefechte bei Fornuovo und demnach auch an dem Gedichte gar bald in den Hintergrund drängen. Im Sommer 1499 rückte abermals ein französisches Heer in Oberitalien ein, verwüstete das Land in entsetzlicher Weise, besetzte Stadt und Herzogtum Mailand, sandte Ludovico Moro als Staatsgefangenen nach Frankreich und richtete die französische Herrschaft ein, welche i. J. 1505 von Kaiser Maximilian durch Belehnung König Ludwigs XII. mit Mailand auch offiziell anerkannt wurde.

Wer hätte unter solchen Verhältnissen noch jenes ruhmredige Gedicht auf das unbedeutende und ohne alle Folgen gebliebene einstündige Gefecht bei Fornuovo lesen mögen?

Es entsteht die weitere Frage: Wo ist der Druck der Trewschen Sammlung entstanden? Zur Beantwortung derselben liefert uns ausser den angeführten sprachlichen Momenten der im Anfange stehende Holzschnitt einen gewissen Anhaltspunkt. Derselbe bietet nämlich die charakteristische Eigenart der florentiner Holzschnitte mit ihrer kräftigen Licht- und Schattenwirkung. Aber bei näherer Betrachtung findet man leicht gewichtige Verschiedenheiten von der florentiner Schule. Die Schnitte der letztern zeigen schlanke, wohl proportionierte, graziöse, lebendige Figuren. Man vergleiche damit auf unserm Schnitte den Ritter rechts mit der steifen Haltung seiner linken Hand und seinen unendlich langen Beinen, den in einer unmöglichen Position auf der Erde liegenden Knaben, die unverhältnismässig grosse linke Hand des andern Ritters mit ihren vier Fingern u. a. m. Diese Umstände sprechen gegen die florentinische Herkunft des Schnittes.

Aus den vorgebrachten Gründen sprachlicher und xylographischer Natur wird man als Druckort unserer Ausgabe einen Ort annehmen müssen, der im östlichen Teile des Gebietes der nördlichen Mundarten, aber mehr nach Süden zu gelegen ist, auf welche letztere Lage der Holzschnitt in florentiner — nicht in venezianischer oder mailändischer — Manier schliessen lässt. Wer eine umfangreiche Sammlung alter Drucke zur Verfügung hat, wird hiernach vermutlich den Ort — und vielleicht sogar den Drucker — bestimmen können.

Aus derselben Druckerei wie No XIX sind, wie eine Vergleichung der Schrift zeigt, No XI und XVII hervorgegangen. Auch der sprachliche Charakter ist im wesentlichen der nämliche. Vgl. in No XI *fre:e* 16 (= *frecce*), *ara:o* 76 (= *araccio*), *bra:o* 76 (woneben *braccio* 85; *c:* steht hier wie auch sonst in gleichzeitigen Drucken für *::* oder *:*), *abra:era* 104 etc. (woneben *abracciati* 126 etc.), *mer:e* 122, *lun:a* 48 (woneben *lan:e* 29), *:an:a* 92 (woneben *ciancia* 92), *cian:are* 125, *dami:elle* 56 (woneben *damigelle* 60 und *damicella* 55), *rasone* 26 (woneben *ragione* 24, *ragione* 24, *prigione* 24 etc.), *maluoso* 28, 39, 54 etc. (woneben *maluagio* 103). Aber *giunto* 6, 49, *ginusono* 38, *punto* 32, 35 etc., *punga* 48. Und in No XVII vgl. *gionse* 2, 14, 16 etc. (woneben *ginuse* 721, *ginnto* 41, 78, 83 etc. (woneben *ginnti* 66), *giongendo* 55, *obbuto* 28, *bonaxa* 1, *caxare* 17, *abraxor* 35 (woneben *abracio* 38, *braccie* 53), *incominxo* 24, *camenxa* 28, *comenxa* 32 (woneben *comencio* 56 etc., *cuminciare* 86), *arxone* 88, *basara* 35, *buso* 53, *erbaxi* 13 etc., *lixadre* 28, 73, *masone* 19 (woneben *cagione* 30), *damisello* 30 (woneben *damigielo* 39 etc., *damirello* 71), *ambasatore* 80), *ambasiato* 83. — No XI hat eine Anzahl grober Holzschnitte, die sicher weder in Florenz, noch in Venedig, noch in Mailand angefertigt sind, sondern auf einen Ort hinweisen, an welchem die xylographische Kunst wenig Pflege gefunden hatte.

Bei mehrern andern Drucken bieten die Holzschnitte Anhaltspunkte zur Lokalisierung und Datierung. Es zeigen nämlich die vier Schnitte von No V, die vier von No XII*, die zwei von No XIII, die drei von No XIV und der von No XV unverkennbar den florentinischen Typus.

Es ist auch bemerkenswert, dass von diesen vierzehn Schnitten neun dieselbe Akanthusblatt-Randleiste haben wie die meisten der von Delaborde und Lippmann reproduzierten florentiner Schnitte, und die übrigen fünf eine und dieselbe andere Randleiste aufweisen, welche sich ebenfalls in einem florentiner Schnitte (Lippmann, Wood-Engr. 42; ähnlich 27) findet.

Es ist also zu schliessen, dass jene fünf Drucke (No V, XII, XIII, XIV, XV) ihre Heimat in Florenz haben.

Etwas abseits von der eigentlichen florentiner Manier steht der Schnitt in No VII. Gleichwohl dürfte auch dieser und damit der Druck nach Florenz zu setzen sein, wofür auch die Randleiste — es ist die zuletzt erwähnte — spricht.

Unterstützt wird die Lokalisierung dieser fünf Drucke in Florenz durch den sprachlichen Charakter. Es liegt in allen die Schriftsprache in ihrer damaligen Gestalt ohne fremde mundartliche Elemente vor.

Auch die Datierung dieser Drucke ergiebt sich mit ziemlicher Sicherheit. Es wurde oben (S. 3) erwähnt, dass Holzstöcke in florentiner Manier nur in den beiden Dezennien von 1490 bis ca. 1510 angefertigt sind, und dass, wenn Holzschnitte von florentiner Typus noch nach dieser Zeit in Volksbüchern auftauchen, dies daher kommt, dass die alten Holzstöcke so lange verwendet wurden, als „die Abzüge wenigstens den Gegenstand der Darstellung noch irgendwie leidlich erkennen liessen." Aber die Holzschnitte der erwähnten fünf Drucke sind nicht von abgenutzten, son-

---

* Bei dem ersten und dem vierten Holzschnitte ist der florentinische Typus nicht gleich scharf ausgeprägt, namentlich nicht beim ersten; mit dem vierten vgl. den bei Lippmann, Wood-Engr. 44. Die vier Schnitte rühren sicher weder von demselben Zeichner noch von demselben Xylographen her. Es dürfte vielmehr jeder Schnitt seinen eigenen Zeichner und Xylographen gehabt haben. Zu beachten ist auch die Verschiedenheit der Randleisten.

dern von tadellosen Holzstöcken abgezogen worden. Wir werden also die Drucke in das letzte Dezennium des 15. oder das erste des 16. Jahrh. setzen.

In dem Titelholzschnitte von No X fehlt das florentiner Charakteristikum. Trotzdem möchte man, mit Rücksicht auf die im Hintergrunde durch die offene Thür rechts sichtbar werdenden Berge, die Heimat des Schnittes und damit auch des Druckes in Florenz suchen. Die florentiner Holzschnitte lassen sehr häufig durch geöffnete Thüren und Fenster einen bergigen Hintergrund erblicken (vgl. z. B. die beiden letzten Schnitte von No XII und den zweiten von Nr XIV) und beleben auch sonst den Hintergrund gern durch Berge. Auch das Vorhandensein der oben an zweiter Stelle erwähnten Randleiste spricht für diese Ansicht. Die Sprache und der Umstand, dass der Verfasser in Florenz lebte, sprechen zum mindesten nicht dagegen.

Eine gemeinsame Betrachtung erheischen die vier Titelholzschnitte von No VI, IX, XX und XXI, welche eine ganze Seite einnehmen und aus einem breiten Rahmen nebst einem selbständigen Mittelstücke bestehen. Die vier Rahmen teilen sich in zwei Gruppen: einerseits der von No IX, andrerseits die von No VI, XX, XXI. Die Rahmen der beiden letztern Drucke sind nicht nur ganz gleich, sondern sogar von einem und demselben Holzstocke abgezogen worden (während die Typen verschieden sind). Der Rahmen von No VI hat genau dieselben Motive wie der von XX und XXI. In Einzelheiten jedoch finden sich manche Abweichungen; vor allem aber ist bei No VI die Ausführung des Holzstockes bei dem Sockel und dem Kopfstücke eine ungleich bessere gewesen.

Alle vier Rahmen zeigen schwarzen Grund, in welchen die Gegenstände weiss eingeschnitten sind. Indessen darf man deswegen nicht ohne weiteres dieselben als florentinisch ansehen. Breite Rahmen weiss in schwarz finden sich auch anderwärts; s. Lippmann, Wood-Engr. 17, 145 und besonders 77, wo ein solcher, der noch dazu in Beziehung auf die Grundidee des Sockels mit den unserigen eine gewisse Ähnlichkeit hat, aus einem venezian. Drucke von 1488 reproduziert wird. Die vier zugehörigen Mittelstücke zeigen keinen ausgesprochenen Charakter. No VI ist ein grober Schnitt, während die drei übrigen höher stehen. Der Umstand, dass No XX und XXI wieder die Randleiste zeigen, der wir zuletzt bei No X begegnet sind, dürfte auch hier für Florenz als Heimat dieser beiden Schnitte und somit auch der Drucke sprechen. Hieraus würde sich dann zunächst für den Rahmen und dann auch für den Druck von No VI mit ziemlicher Wahrscheinlichkeit ebenfalls florentinischer Ursprung ergeben.

Der sprachliche Charakter unterstützt diese Auffassung. Mundartliche Züge finden sich nur ganz vereinzelt und fast stets nur im Reime. In No VI reimt *fazza* (= *faccia*) mit *piaza* — *maza* 21. In No IX reimt *Franza* 2, 4, 24, 29, 55 mit Wörtern auf schriftsprachliches — *za*, während im Versinnern stets *Francia* steht (23, 31, 33, 115). Ebenso *lanza : manza* 72, während im Versinnern *lancia* steht (114, 115, 116; *lancie* 73, 75). In No XX reimt *palaso : caso* 98, aber 19 steht *palazo*. Vereinzelt steht *damatarsi* 83. Ebenso verhält es sich mit dem sprachlichen Charakter von No XXI.

Aus derselben Druckerei wie No VI ist, wie die Schrift zeigt, No IV hervorgegangen. Sprachlich wäre nur *malnaso* 37 und etwa *mensogna* 36 und *cusire* (= *cuscire*) zu erwähnen.

Es bleiben noch No I, II, III, VIII und XVIII. Nach der Beschaffenheit des Papieres und dem allgemeinen Charakter der Schrift darf man dieselben wohl um 1500 setzen. Nach der Sprache ist ihre Heimat in der Toskana zu suchen, wie denn Bernardo Giambullari, der Dichter mehrerer Canzonen in No II, und Simone Serdini, der Dichter von No VIII, in Florenz lebten, der letztere wenigstens eine Zeit lang.

Es werden hiernach sämtliche Drucke unserer Sammlung um d. J. 1500 zu setzen sein.

Dieses Ergebnis wird gestützt durch die Anwendung weiterer, von C. Lozzi, De' Segni distintivi delle antiche Edizioni e Stampe (Il Bibliofilo II 33 fl.), hauptsächlich nach Jungendres, Disquisitio (Nürnberg 1740) zusammengestellter Kriterien, die freilich in ihrer Mehrzahl nicht ausschliesslich für die Drucke aus dem 15. und dem Anfange des 16. Jahrh. gelten. Lozzi führt an: *L'assenza de' titoli su di un foglio separato . . . perchè soltanto verso il 1476 o 1480 si cominciò a stampare i titoli de' libri su foglio separato.* Von unsern Drucken haben No I, VI, XI, XX und XXI selbständige Titelblätter, und No IV hat aller Wahrscheinlichkeit nach ein solches gehabt (man beachte auch, dass No IV, wie oben erwähnt, aus derselben Druckerei wie No VI hervorgegangen ist). Diese sechs Drucke sind demzufolge nach 1476 oder 1480 zu setzen, während für die übrigen aus dem Fehlen eines selbständigen Titelblattes natürlich nicht folgt, dass sie vor diesem Zeitpunkte entstanden sind *). — *L'assenza delle lettere capitali al principio delle divisioni.* Dies trifft bei No XVI zu, wo der Raum für ein grosses G freigelassen und, wie so häufig in Hss., ein für den Platz viel zu kleines G provisorisch hingesetzt worden ist. — *La rarità di queste stesse divisioni.* Findet für unsere Drucke keine Verwendung. — *Il non uso delle virgole sole od accompagnate con punti.* Sieht man ab von dem öfter vorkommenden Punkte am Schlusse und hinter dem Titel, sowie von dem ganz vereinzelt auftretenden Doppelpunkte, so entbehrt die grosse Mehrzahl unserer Drucke gänzlich der Interpunktion; mehrere derselben haben nicht einmal diese dürftigen Spuren einer solchen. Nur No XII, XIV und XVIII haben

---

* Namentlich den italienischen Volksbüchern fehlt sehr häufig während des ganzen 16. Jahrh. und noch später ein besonderes Titelblatt.

vereinzelte Kommata, No XXI ziemlich viele Punkte, und endlich in No V wird das Komma als Trennungszeichen verwendet. — *L'inuguaglianza e la rozzezza de' tipi.* Unsere Drucke zeigen nicht die ungleichen und rohen Typen, welche die allerältesten Drucke bisweilen aufweisen. — *La mancanza di cifre all' alto delle carte o delle pagine, e quella delle segnature a richiami al basso.* Ziffern und Kustoden sind unsern Drucken unbekannt. Die Mehrzahl derselben, nämlich No III, IV, VI, VII, VIII, X, XIII—XIX, entbehrt auch der Signaturen. — *La mancanza del nome della stampatore, dell' arme della città e della data dell' anno.* Von unsern Drucken sind zwanzig ohne jegliche Angabe. — *La gran quantità di abbreviazioni.* Die Zahl der Abkürzungen in unsern Drucken ist nicht besonders gross. — *I punti quadrati o a crocetta,* als besonderes Merkmal der Drucke des 15. Jahrh. angeführt. In No I, VIII, XIV, XVIII und XXI haben die Punkte bzw. Doppelpunkte die Gestalt von Kreuzchen, in No II und IX eine viereckige Gestalt. In No IV und VI ist die Gestalt der sehr wenigen Punkte nicht zu erkennen. — *I tratti obliqui invece de' punti sugl' i,* ebenfalls als Merkmal der Drucke des 15. Jahrh. erwähnt, ebenso auch das folgende Kriterium. No XVI, XVII, XIX zeigen *i*-Striche; in den beiden letztgenannten sind sie sehr klein. - *Forme peculiari d'abbreviazione, come* ɔ *per et* (was folgt gilt nur für lateinische Drucke). Dieses Zeichen findet sich in No IV, VI, X, XI, XVII, XIX.

Nach den drei letztgenannten Kriterien würden also vierzehn Drucke noch dem 15. Jahrh. zuzuweisen sein, darunter vier von jenen fünf (No I, II, III, VIII, XVIII), nämlich alle ausser No III, für welche früher als Kriterien nur die Beschaffenheit des Papiers und der allgemeine Charakter der Typen angeführt werden konnten.

Mag nun auch die Richtigkeit einzelner dieser von Lozzi zusammengestellten Kriterien und auch die Zulässigkeit der Anwendung mancher derselben auf Drucke in italienischer Sprache (denn Jungendres hat bei seinen Aufstellungen doch in der Hauptsache, wenn nicht ausschliesslich, lateinische Drucke im Auge gehabt) nicht über jeden Zweifel erhaben sein, so wird man doch als Gesamtergebnis der Prüfung unserer Drucke an der Hand dieser Kriterien eine Unterstützung meiner obigen Datierungen sehen dürfen.

Damit stimmen auch die Datierungen überein, welche Andere, durchweg bekannte Bibliographen, von einzelnen Drucken, die sich auch in der Trewschen Sammlung finden, gegeben haben. Auch die Lokalisierungen dieser Bücherkenner stimmen mit den meinigen im allgemeinen, freilich keineswegs immer, überein *. No I. Zambrini, Op. volg.[4] 737: Florenz, 15. Jahrh. — No III. Libri, Katalog von 1847 No 1472: Florenz, Ende des 15. Jahrh.; ebenso Brunet, Man. III 1342. —

---

* Ich führe im Folgenden die Angaben nur derjenigen an, welche die Drucke selbst gesehen haben.

No VI. Audiffredi, Catalog. 420: Rom, 15. Jahrh. — No VII. Libri a. a. O. No 2311: Florenz, Ende des 15. Jahrh.; Brunet, Man. III 1515: Anfang des 16. Jahrh. — No XI. Audiffredi, Catalog. 419: Rom, 15. Jahrh. — No XIV. Libri a. a. O. No 1416: Florenz, Ende des 15. Jahrh.; Brunet, Man. IV 124: Anfang des 16. Jahrh.; ebd. Suppl. II 46: Florenz, gegen 1500. — No XV. Libri a. a. O. No 1429: Florenz, Ende des 15. Jahrh.; Brunet, Man. III 220: gegen 1500.

Um endlich auch über den materiellen Wert der Drucke der Trewschen Sammlung ein Wort zu sagen, so hebt Lippmann a. a. O. III 184 mit Recht hervor, dass die ältern illustrierten florentiner Drucke „heutzutage fast durchweg bibliographische Seltenheiten ersten Ranges" sind.

Die Preise, welche für diejenigen unserer Drucke bei der letzten Gelegenheit, wo ein Exemplar auf den Markt gekommen ist, gezahlt wurden, sind die folgenden. Es wurden gezahlt für No III i. J. 1859 3 £ St. 9 Sh. (vgl. Brunet III 1342), für No VII i. J. 1847 89 fr. (vgl. ebd. III 1516), für No XIV i. J. 1872 205 fr. (vgl. ebd. Suppl. II 46), für No XV i. J. 1859 2 £ St. 17 Sh. (vgl. Passano, Nov. ital. in Verso 72).

Heutzutage würden für sämtliche Drucke, namentlich für die sehr gesuchten mit Holzschnitten versehenen, ungleich höhere Summen gezahlt werden. Es dürfte eher zu niedrig als zu hoch gegriffen sein, wenn man für jeden Druck der Trewschen Sammlung durchschnittlich einen Marktpreis von 2—300 Mark und demnach für die ganze Sammlung von ungefähr 5000 Mark ansetzt.

I.

Ovidius, Ars amatoria.

Übersetzung in Terzinen.

Bl. 1r. *Ouidio de arte amandi in uolgare*. Bl. 1v. frei. Bl. 2r. *OVIDIO De arte amandi in uolgare*. 42 Blätter, einschliesslich des ersten, mit den Signaturen *a* bis *e*; davon sind *a* bis *d* Quaternen, *e* eine Quinterne. Römische Schrift. Jede Seite hat 11, nur Bl. 2r., Bl. 5r. und Bl. 9r. je 10 Terzinen. Einspaltiger Druck.

Anfang*:

A Mor che per dolcezza il cor corregge
laer laterra ficome allui piace
& anchor lacqua per fuo caldo regge
Per far lui cagione di qualche pace
di metter prompto lomio intellecto
che poffa ogniun fuggire fua ardente face
Io miconofco di fi poco effecto.

Schluss:

Hor fu dinolamente per faluto
prieghi fifaccia aquesto idio damore
che noftre affection fiaa compiuto
Et ogniun difua manza uincitore
rimaner poffa per quefti mia uerfi
chi moftro apertamente allamaloro
Che mau per non faper del mondo fperfi. Finis.

Es ist dies die Übersetzung**, welche Melzi, Dizionario di Opere anon. e pseudon. I 213 dem Troilo Avenanti in Ferrara zuschreibt und von der die älteste Ausgabe gegen 1471 in Ferrara erschienen sein soll***. Eine Ausgabe o. O. u. J., welche Sixtus Riessinger in Neapel druckte und die vor 1480 gesetzt wird, verzeichnet Zambrini, Op. volg.⁴ 737. Vgl. auch Haym, Bibl. ital. (1803) II 213 No 8 und Brunet, Man. IV 296.

Die obige Ausgabe ist identisch mit einer dritten, welche Zambrini a. a. O. ebenfalls bespricht, wenngleich seine Angaben in einigen Kleinigkeiten von den obigen abweichen. Zambrini setzt den Druck, von dem er nur ein Exemplar in der Bibliothek von Ferdinando Guidicini kennt, noch in das 15. Jahrh. und vermutet, dass er von Miscomini in Florenz sei, der nach Grässe, Lehrb. IIIa 210 von 1481—95 gedruckt hat.

Dadurch dass Zambrini die Übersetzung in den Op. volg. bespricht, deutet er an (vgl. auch seine Worte: *La traduzione è, a parer mio, antichissima*), dass er die

---

* Die aufgelösten Abkürzungen sind bei den Anfangs- und den Schlussversen überall durch Kursivdruck bezeichnet. — ** Nicht erreichbar ist mir E. Belloriul, Note sulle Traduzioni italiane dell' Ars amatoria et dei Remedia amoris d' Ovidio anteriori al Rinascimento (Bergamo 1882). — *** Nicht verzeichnet bei G. Baruffaldi, Della Tipografia ferrarese (Ferrara 1777).

Entstehung desselben noch in das 14. Jahrh. setzt, und er findet in der Versifikation Ähnlichkeiten mit Domenico da Montecchiello, der Ovids Heroïden in Oktaven übersetzte (um 1350 nach Quadrio, Poesia IIa 626). Über Melzis Behauptung bezüglich des Verfassers spricht er sich nicht aus.

Die Übersetzung umfasst nur die beiden ersten Bücher und ist eine sehr freie. Der Verfasser hat einerseits sehr gekürzt, andrerseits die Gedanken des Originals vielfach selbständig weiter ausgeführt. Den 1518 lateinischen Versen entsprechen 2597 italienische.

Als eine Probe der Übersetzungskunst des Anonymus sei eine Stelle mitgeteilt, welche der folgenden lateinischen entspricht:

Ovidius, Ars amatoria I 41—60.

Dum licet, et loris passim puteo ire solutis,
Elige cui dicas: „Tu mihi sola places.“
Haec tibi non tenues venict delapsa per auras.
Quaerenda est oculis apta puella tuis.
Scit bene venator, cervis ubi retia tendat,
Scit bene, qua frendens valle moretur aper;
Aucupibus noti frutices; qui sustinet hamos,
Novit, quae multo pisce natentur aquae.
Tu quoque, materiam longo qui quaeris amori,
Ante frequens quo sit disce puella loco.
Mater et Aeneae constat in urbe sui.

Non ego quaerentem vento dare vela jubebo,
Nec tibi, ut invenias, longa terenda via est.
Andromedam Perseus nigris portarit ab Indis,
Raptaque sit Phrygio Graja puella viro.
Tot tibi tamque dabit formonsas Roma puellas,
„Haec habet“ ut dicas „quicquid in orbe fuit.“
Gargara quot segetes, quot habet Methymna racemos,
Aequore quot pisces, fronde teguntur aves,
Quot caelum stellas, tot habet tua Roma puellas:

Italienische Übersetzung (101—148).

E' ti conviene in prima che procure
d'una che piaccia bene agli ochi tuoi,
che alquanto fia conforme alle nature.
Veggendo per la terra ne va pol,
& uon ti dico carcho di faccende,
che fien cagion priuarti gli ochi tuoi.
Apri l'orechie & qui meglio m'intende.
de, non voler alchun che ti gaftighi;
ti hasta affai fe con amor contende.
Et non ti paia ftran fe t'afatichi,
Che Marte uon concede mai victora
a quelli che pofando fi notricha.
Se tu per quefto forfe fai dimora
di nou faper trovar quel che ti piaccia
ne dove tu per effa cerebi anchora,
Delle donne tu de' faper la traccia.
Io non l'infegolo a te, ch'l' nol conofco.
fa ben dove ufon cervi quel che caocia.
L'uccellator conofce ben el bofeo
d'uccolli copiofo & quivi el trefcha
& poi gli giugne con la rete al fofeho.
De, penfa uu poco pur a quel che pefea,
che cercha l'acque dove crede fia
el pefce buon, che fappi buona lefcha.

Da hora a quefta terra e dritta via
& non bifogna gia cho radi altrove
ne monti in barcha, in nave o in galia.
Et non ti parra tante cofe nuove
che Paris vada in Grecin per Helena
tornando, ove fe' Achille tante pruove.
Anchor credo che fappi quanta pena
portaffe per Andromacha Perfeo,
che l' India trapaffo per calda rena.
Di tante donne Roma tenne il feu,
ch'el regno feminii non tenne el quinto,
quando per conquiftar v'ando Thefeo.
Non vedi ch'ogni loco par depincto
di giovani amatori & damigelle,
che d'altro tutto il mondo e quafi cincto.
Non credo che nel ciel fian tante ftelle
ne tanta rena credo habbia il mare,
quante donne fon qui fuperne & belle.
O quanto place a Venus converfare
in quefta terra per amor del figlio,
che Enea fu, che l'hebbe a dimandare.
Hor t'abbondona & ferma qui l'artiglio,
poiche tanto la vedi copiofa,
che non faprai a qual ti dar di piglio.

3

II.

Balladen in verschiedenen Versmaassen und Rispetti in Oktaven.

6 Blätter mit den Signaturen f, fII, fIII, römische Schrift. Die letztern schliessen sich an die der Übersetzung der *Ars amatoria* an, welche von *a* bis *e* gehen. Aber die Umstände, dass Schrift und Kolumnenhöhe verschieden und der Druck zweispaltig ist, auch das von Zambrini beschriebene Exemplar der Übersetzung der *Ars amatoria* diesen Bogen offenbar nicht hat, machen es höchst wahrscheinlich, dass derselbe einem andern Drucke entstammt und nur durch ein Versehen des Buchbinders hinter die genannte Übersetzung geraten ist. Dass dieser Bogen ein Wasserzeichen trägt, welches sich in der Übersetzung nicht findet, mag ebenfalls erwähnt sein, obwohl dieser Umstand nicht viel beweist, da, wie oben bemerkt, das Papier der Übersetzung mehrere verschiedene Wasserzeichen aufweist.

Die Sammlung besteht aus drei Teilen. Ich teile von jeder Ballade die *Ripresa* und von den *Rispetti* immer die erste Zeile mit.

I. Teil: Canzone aballo di Ber. giamburlari.

(Bl. 1r. Sp. 1 bis Bl. 2v. Sp. 2 Mitte.)

1. Cli fara quella tanto difpietata
che non riprenda queftn donna ingrata.

2. Per mille uolte ringratiato fia
chi mha pregrato(so) chi dica lamia.

3. I tiringratio mille uolte amore
po che mhai dato un fi gentil fignore.

4. Liberamente fegultando amore
i fu legato & rapitomi ilcore.

5. Canzona per una Vedoua.
Leggiadra donna habbi pieta di me
non effer fi crudele
per chi tifou fedele
& ho lafciato ognaltro amor per te.

6. Canzona per una maritata.
Crudel guidea o mancator di fe
del tuo honor nimicha
che tife facta amicha
dunaltro amante & hai lafciato me.

Am Schlusse dieses Teiles steht: *Finite lecanzone aballo di Ber. giamburlari.*

II. Teil: Canzone a ballo dipiu perfone.

(Bl. 2v. Sp. 2 Mitte bis Bl. 6r. Sp. 2 Zeile 7.)

1. Donne fe gia alunugianffi chio
che faffi fiffrenato lerror mio.

2. I ho difpofto mio peuffero & uoglio
po che mia barca ha rocto in lfcoglio.

3. Mamma che nifa ilbabbo fa ue male
uoi dite olme allul non ne chale.

4. I ho alle uolte pur fentito dire
che mai a dua fignori fipuo feruire.

5. Donne gentile damore hor mintendete
duna crudele che mieambia a un prete.

6. Ogni elunia algufto mipar graue
fuor che fgranar bacregli o manglar faue.

7. O buon mariti per dio minfegnate
come lemoftre moglie contentate.

8. Madre mia cara ilcor mifacapriccia
chi non poffo ighlottir quefta falficcia.

9. Tra empoli & puntormo in quello grotte
audando a pifa emigiunfe lanocte.

10. Che bella mafferitia o che bellorto
ha ilprete mio cha dirlo i uho conforto.

11. O donne mia quando amarito andai
un furzerlue con latoppa alportal.
12. Donue & fanciulle tutte nluo pregare
Am Schlusse dieses Teiles steht: *Finite lecanzone aballo.*

chalgallu mio noi dinte un po beccare.
13. A marito portal un mortadello
che mai fauore fera facto in quello.

III. Teil: Rifpecti damore.

(Bl. Gr. Sp. 2 Zeile 8 bis Bl. Gv. Sp. 2.)

1. O Triomphaute donna almondo fola.
2. Afculta donna un po lemia parole.
3. Peroquel briene tempo che tirefta.
4. Se non mi uuol feruire per confcienza.
5. Veggo canglare eltan nago fembiante.

6. I ho fi poca gratia con amore.
7. Vorre fapere quel che ragion nemuole.
8. Rendimi lomio cuore falfa giudea.
9. I n grata fe tu mhai furato llcore.
10. Prendi bel tempo inanzi che trapaffi.
11. A che tigiouera tanta belleza.

Am Schlusse des Bogens steht: *Finis.*

Über den Dichter der Balladen des ersten Teiles, Bernardo Giambullari, vgl.
G. Negri, Istoria degli Scritt. florent. (Ferrara 1722) 103 und Quadrio, Poesia (s. Index).
Er lebte in der zweiten Hälfte des 15. und dem ersten Viertel des 16. Jahrhunderts.
Gaspary, Gesch. d. ital. Lit. II 195 erwähnt ihn nur als Landendichter. Vgl. auch
unten No IV.

III.

Le Malizie delle Donne. — Il Governo della Famiglia.

Bl. 1r. enthält den Titel: *Lemalitie delle donne*; sodann den Anfang des
Textes. Dieser geht bis Bl. 4r. Sp. 1 Mitte. Darauf folgt das zweite Stück mit dem
Titel: *Incomincia ilgouerno della fadiglia* (so). Im ganzen 4 Blätter ohne Signaturen,
römische Schrift, zweispaltig, auf jeder Seite 10 Oktaven. Das erste Stück hat 63,
das zweite 17 Oktaven.

Anfang des ersten Gedichtes:

O Conditor delluniuerfo mondo
dacui procede ogui infinita gloria
fa loutellecto mio tanto giocondo
che lnrima tracti una bella ftoria.

Schluss:

allaude delfignore & fomma gloria
rimata lho tutta amoftra honore
acciuche deffa habbiate affai dilecto
tristo colui che a femmine e fuggetto.
Finito lemalitie delle donne.

Anfang des zweiten Gedichtes:

O Sommo padre Re celeftiale
che dinlente ogni cofa creafti
concedi gratia ame dio eternale
& dannul lutellecto che mibafti.

Schluss:

che quelchio deeto honor nepoffa auere
coftui che ladecta habiate in memoria
fe qnefta tale ftoria uoi gufterete
doctrina affai uoi repiglierete.
Finito ilgouerno della famiglia.

Libris Katalog von 1847 verzeichnet No 1472 eine Ausgabe, welche mit der
obigen identisch zu sein scheint. Brunet, Man. III 1342 erwähnt nur dieses
Exemplar Libris.

3 *

Eine andere Ausgabe des ersten der beiden Gedichte, ebenfalls o. O. u. J., aber wohl aus dem Anfange des 16. Jahrh., besitzt die Hof- und Staatsbibliothek in München in dem Sammelbande P. o. ital. 331. 4°, 4 Blätter umfassend. Auf Bl. 1 r. steht der Titel: *Malitie de Le Donne*, darunter ein Holzschnitt mit einer Gruppe von Männern und einer solchen von Frauen, und hierunter 2 Strophen. Zweispaltig, römische Schrift. Die 5 folgenden Seiten enthalten je 10, Bl. 4 r. 11 Strophen. Auf Bl. 4 v. steht eine Ballade: *Guarda ben jtu fei ru Coion*.

Vermutlich steckt auch in dem *Poema della Malitia delle Femine* (Treviso, Gabriel Petri, ca. 1475), welches der Katalog Hibbert No 6465 und die Biblioth. Heberiana IX 2433 verzeichnen, unser erstes Gedicht.

Dagegen hat dasselbe, wie es scheint, nichts mit einem einen ähnlichen Titel führenden, von Passano, Novell. in Verso 71 erwähnten Gedichte zu thun.

Le Malizie delle Donne ist ein Schmähgedicht auf das weibliche Geschlecht, von dessen Inhalt und Ton man sich nach den folgenden Strophen eine Vorstellung machen kann:

8.

La femina e di natura fuperba
& fempre mai di fopra vuole ftare
& e tanto perfida & proterba
che mai parola ti vuol perdonare.
fella fadira, fecreto non ferba,
che le bifogna l'animo ffogare;
fe la man haveffe tutto quanto el mondo,
inou quel punto lo metterebbe al fondo.

13.

La gran fuperbia fi le fa pompofe;
mutar vorrembon ogni di veftiti
& vefte vogliou tanto borlofe
ch'elle diffauno e poveri mariti,
moleftandogli fempre di piu cofe
fecondo che vien lor pazi appetiti,
& ciò che vegan voglion ancor loro,
che diffarebbon ogni gran theforo.

9.

E di natura fi malvagia & ria,
che a'el marito battere la vuole,
infu quel puncto pericoleria
el mondo tutto quanto con parole.
non lafcera di dir cofa che fia;
s'ella poteffi vendicar, fi vuole;
& di dir male in quel puncto non refta
& ogni occulto lei fi manifefta.

22.

Et quando le vanno a chiefa o fefta,
moftrano el pecto con foggie fcollate.
ftracloando la coda della vefta
& a capo ritto vanno lntirizate,
riguardando ogni porta & fineftra.
fe d'alcuno amatore le fon guardate,
fancte all'audare per la via parete.
In cafa poi el trenta diavol fiete.

Auch über die Toilettenkünste der Damen wird gehandelt:

19.

Et poi per forza colle lor bendelle
legan le trecce tanto ben ferrate,
tirando ludrieto l'orecchie & la pelle
& delle tempie ftanno ftraciglinte.
ondeche molti mormoran di quelle,
nedendole nel molto trafformate
e d'acqua grana el molto imbellettato,
con biacea tutto quanto imbrodolato.

20.

E' fare longo a contare el vilume
delle molte lor acque lavorate
& loro chico, l'aloe & l'allume
& l'altre gromme con l'acque granate.
ch'auno di confueto & per cuftume
d'haverne piene & le caffe ferrate
di zolfo, fraffinella & di verzino;
tutto 'l di mandon meffi col quatrino.

Den Beschluss machen mancherlei Ratschläge in Beziehung auf das weibliche Geschlecht; z. B.

62.

Et vol altri e quali vi maritate,	Fel' e perverfa colle baftonate,
fe di donna volete el fignorile,	fa che la tengha a fegno & fia humile;
con troppe ciancie & frafche non l'nfate.	fe le vuol bene & vuol haverne honore,
fecondo tu vorrai lei terra ftile.	falle il dovere & mantiella in timore.

Der Dichter beruft sich für seine Ausführungen auf Ovid (Str. 5 und 7) und *molti altri doctori & piu ragione & libri affai, che tutti tracton della conditione del vulgo femminil* (Str. 6). Es giebt ein franz. Gedicht *La Malice des Femmes* oder *La grant Malice des Femmes*, herausgegeben von A. de Montaiglon, Recueil de Poésies françoises V 305 (vgl. auch Brunet, Man. II 1708 und III 1340), doch besteht kein Zusammenhang zwischen diesem und dem italienischen. Ob etwa die von Montaiglon nachgewiesene Quelle des franz. Gedichtes, der altfranz. *Matœolus*, oder die latein. Vorlage des letztern (vgl. darüber Brunet III 1526) dem italienischen zu Grunde liegt, vermag ich nicht anzugeben, da diese beiden Texte, deren Veröffentlichnug durch A. van Hamel demnächst zu erwarten ist (vgl. Romania XXI 323), mir nicht zugänglich sind.

Das zweite Gedicht *Il Governo della Famiglia* enthält eine Reihe von Ratschlägen, namentlich für einen Familienvater. Bezüglich der Quelle heisst es (Str. 2):

Si come fan Bernardo el a narrato	che el dimoftra come governato
per una epiftola di meffer Ramondo,	vuole effer la famiglia in quefto mondo.

Gemeint ist damit die Epistola CDLVI im 1. Bande von Mabillons Ausgabe der Werke des Heil. Bernhard, ed. Migne (Patrologia, Series lat. 182 S. 647): *Gratioso militi et felici Raymundo, domino Castri Ambrosii, Bernardus in senium deductus salutem**. Der italienische Dichter hat nur einzelne Gedanken seiner Vorlage herausgegriffen, ausserdem aber manches selbst hinzugefügt.

IV.

Bernardo Giambullari: Il Sonaglio delle Donne.

Der Titel, der wohl ebenso wie bei der aus derselben Druckerei hervorgegangenen No VI auf einem besondern Blatte gestanden hat, fehlt und damit zugleich die Angabe des Verfassers. Es sind 4 Blätter ohne Signaturen, gotische Schrift, zweispaltig, 10 Oktaven auf jeder Seite, im ganzen 80.

---

* Eine deutsche Übersetzung des Briefes gab Niclas von Wyle in seiner achten Translation (s. Kellers Ausgabe S. 152): *Wie ain husvater hus haben sölle.*

Anfang:

Ulua fontana in onde procede
ogni virtù felenza i ingegno
chi non ricorre alla tua gran mercede
e non innoca el tuo aiuto degno.

e fei hai capo pien di vanagloria
non fegnitar fuo befilal apetito
penfa al bifogno tuo come prudente
che chi tofto erra abellagio fi pente. Finis.

Über die Ausgaben vgl. Quadrio, Poesia IV 212; Gamba, Serie dei Testi⁴ 339; Brunet, Man. II 1581; Passano, Novell. in Verso 43. Eine mit keiner der übrigen identische Ausgabe in Wolfenbüttel wird angeführt bei Milchsack-D'Ancona, Due Farse 290. Die Erlanger Ausgabe ist bis jetzt unbekannt.

Eine weitere unbekannte Ausgabe findet sich auf der Hof- und Staatsbibliothek in München in dem schon erwähnten Sammelbande P. o. ital. 331. 4°, 6 Blätter, gotische Schrift, o. O. u. J., aber wohl aus dem Anfange des 16. Jahrh. Auf Bl. 1r. steht der Titel: Le Somaglie dele donne und darunter ein Holzschnitt florentinischen Charakters mit drei Figuren. Auf Blatt 1v. beginnt der Text, zweispaltig, 8 Oktaven auf jeder Seite, und endet Bl. 6r. Bl. 6v. ist frei.

Der Titel beruht auf der sprichwörtlichen Redensart: Appiccare somagli ad alcuno d. h. Schlechtes von jem. sagen. Und es sind in der That keine schmeichelhaften Dinge, die von den Frauen hier behauptet werden.

Über den Zweck des Gedichtes heisst es (Str. 3):

Per rafrenar alquanto la superba
del feffo feminile tanto fallace,
el quale a comportare e cofa acerba.

Ein philosopho docto e singulare, namens Silvio (Str. 4), ermahnt einen heiratslustigen jungen Freund zur Vorsicht und sucht ihn dadurch von seinen Heiratsgedanken abzubringen, dass er ihm die seiner in der Ehe wartenden schrecklichen Dinge ausmalt. Ziemlich drastisch ist die Schilderung des Schicksals des Gatten einer eifersüchtigen Frau:

43.

Se tu in togli i sie ruftica o bella
i che* t'avenga per la tua felanza
che tu guardaffi altra donna che quella.
e' fare meglio in una fepultura
effer vivo fepulto che con ella
haver a ftar in vita tanto obfcura;
che non e fiera fi afpra i ritrofa,
ftrana quanto la femina gielofa.

44.

E' fare meglio habitare nel inferno
con diavoli e con draghi ifcathenati
che effer di tal femine in governo.
o poveri mariti ifventurati,
non fou tal pene gia nel fuocho eterno
quant han coloro che fon fi tormentati.
chi l' ha brutta e gielofa, non fi dolga.
pero configlio te che non ne tolga.

───────────────

— 23 —

Sehr ausführlich werden dabei (Str. 54—68) die Toilettengeheimnisse der Damen besprochen,

beuche non baſterebbe mille carte,
volendo ch'ogni cofa fuſſi tocca

delle brutture che portano ſparte
ſopra la lor perſuna vana e ſcioccha (53).

Und die Damen müssen die Toilettenkünste nötig gehabt haben:

Se tu vedeſſi una donna per caſa,
quando ella e ſcouria o non o raſettata,

l'e verde e gialla ? o pelata e raſa,
che pare una verſiera iſcatenatha (57).

Ein seltsamer Ort ist es, den man sich auserwählt:

Per non eſſer veduta ella ſi ſerra
In loco ch'altri non lo vadi apreſſo:

quante volte, s'el mio parlar non erra,
n'ho gia vedute rinchiuſe nel ceffo (59).

Der Philosoph schliesst seine lange Warnung an seinen jungen Freund recht nachdrücklich:

La femina e ſi falſo o ſi aſtuta
ch'ell'º avanza ogni diavolo di mallcia
e mille volte in una hora ſi muta,
plena d'ingaani, d'Ira e di nequitia.

e per niente in un puuto o perduta
la ſua benivolenza e ſua amicitia
e per nonnulla el marito inimica,
ſiche di torla non ti dar faticha (70).

Aber der Weiberfeind erzielt mit seinen langatmigen Ausführungen bei seinem heiratslustigen Freunde keine Wirkung. Letzterer entgegnet ihm gelassen:

O Silvio, se tu fuſſi in queſti lacci,
ne' qual ſon lo, ſn ſi dolce aberinto,

fareſti mille pezi ı mille ſtracci
di queſto tuo tractato qui diſtincto (71),

und beruft sich noch auf die heilige Schrift und die Kirche, welche beide die Ehe empfehlen. Der andere macht noch einen letzten Versuch, ihn abzuschrecken:

Tu entrı in un diſerto pien di ſpine
e eredi entrar nel paradiſo eterno;

queſto dolce principio inuanzi al fine
ti parra vie piu aſpro che l'inferno (76).

Doch ist er selbst schon überzeugt, dass alles Reden vergeblich ist, und giebt dem Freunde zum Schlusse noch einige gute Ratschläge für die Ehe, deren einen er mit den Worten begründet:

chella beſtia ſi doma con lo ſprone
ı la donna diverſa ºº col baſtone (78).

Bezüglich der Quelle heisst es (Str. 4 fl.):

Come ſi trova in un degnio tractato
del philoſophu docto e ſingulare
Silvio, che fu un tracto domandato
per quel che muglie non voleva piglare.
Silvio ſi hebbe per rifpoſta dato,
che piu toſto voleva maritare
l'altrui figliolo che farſi ſubiecto
d'uno autmale ch'e pien d'ogni defecto.

Di poi un ſuo amico el dimandoe
el ſuo conſiglio, ſe toglieva moglie.
e' non gli diſse di ſi ne di noe;
ma per dar freno alquanto alle ſoo voglie,

ſopra loro vitii alquanto ſi penſoe
ı in un funto parte ne racoglie;
bench'ogni lor magagna non ſi diſſe,
ma bona parte e le piu vere feriſſe.

Queſto Silvio philoſopho fu docto
ı vide molto nella ſtrologia
ı in ogni felentia e gran ridocto
fece de' libri e non diſſe bugia.
fra quali queſto tractato ebbe condocto
pleholo ı vero ı poi ſi lo porgia
al ſuo amico. E queſto fu el configlio
per iſramparlo di ſi gran periglio.

---

* Gedruckt quril; aber die Münchener Ausgabe hat chell. — ºº Die Münchener Ausgabe hat perverſa und eine andere traverſa (vgl. Passano a. a. O. 45).

Mit diesem Silvio wird kaum jemand anders als Aeneas Sylvius gemeint sein. Nun spricht sich dieser zwar an verschiedenen Stellen seiner Briefe sehr scharf gegen das weibliche Geschlecht aus und ganz im Tone unseres Gedichtes[*]; aber die Stelle aus dem letztern Str. 4 fl. passt weder auf einen der Briefe, noch auf eine der übrigen Schriften, soweit diese allgemein zugänglich sind. Indessen gilt in Beziehung auf Sylvius' Werke noch jetzt, was G. Voigt, Enea Silvio II 265 vor 30 Jahren gesagt hat: „Die Werke des Enea Silvio bilden zur Zeit noch eine ungeordnete und zerstreute Masse. . . . In Handschriften und alten Drucken . . . liegt noch manches Unbekannte verborgen."

Giambullaris Schmähgedicht hat eine Entgegnung hervorgerufen in einem überschwänglichen Lobgedichte auf die Frauen, dessen — sonst nicht bekannter — Verfasser sich Pier Saulo Phantino da Tredotio (Tradotio) Castella de Romagna nennt. Brunet, Man. V 148 führt eine Ausgabe o. O. u. J., aber „gegen 1500" gesetzt, an. Eine andere, bis jetzt unbekannte, besitzt die Hof- und Staatsbibliothek in München in dem Sammelbande P. o. ital. 331. 4°. Der Titel lautet hier: *Trajtallo delle Donne du far ridere Com-|pilato per il ratlo Giouene Pier Saulo|Phantino da Tradotio Caftello|de Romagna.* Es sind 6 Blätter mit den Signaturen *a II*, *a III*, gotische Schrift, zweispaltig, 10 Oktaven auf jeder Seite, auf der ersten jedoch nur 3, im ganzen 113. Ausserdem steht auf der ersten Seite ein durch drei angehängte Verse erweitertes Sonett *Ad libellum suum*, beginnend *NOu fa eine Dantejche o verfo alehayco.* Von dem Gedichte selbst lautet

Der Anfang:

DAtime il canto e la cythra de Orpheo
O vui Celeste Nymphe cabelline
ufeite fuora del antro Cyrheo
con voftre gratie fancte alme e diuine.

Der Schluss:

veggio venire le donne afchiera folta
a diffenfarmi con forgoni e ftanghe
horfu che ftringo qui mio fafcio canodo
attenda atriuuiphar ciafcun ebal modo. Finis.

Der Druck, o. O. u. J., wird um 1500 zu setzen sein. — Die Beziehung des Gedichtes zu dem *Sonaglio* ergiebt sich klar aus Str. 2:

Ilo tanta rahla al cor, dolor e fmania,
ehe, fio poteffe anch'io tuor ll bataglio
come Morgante, purgarei l'infauia
de ti, ch'ai facto alle donne ll fonaglio.

ma fpero che ferai giunto alla pania
e come beftia d'omo nel travaglio
vedrai venir le donne a caftigarti
e come Orpheo co' faffi lapidarti.

---

[*] Ep. LXXXIII: Consideranda fuit Instabilitas mulierum, quarum voluntas in horas mutatur. Nihil lacertius animo foemineo. Nullus amor foeminae diu durat. Fallax est animal muliER, varium, crudele, absque fide, plenum dolis. — Ep. XCII: Fuge omne foemineum genus, relinque hujusmodi pestem; cum foeminam vides, diabolum esse credito. — Ep. CVI: Quid est muliER, nisi juventutis expilatrix, virorum rapina, senum mors, patrimonii devoratrix, honoris pernicies, pabulum diaboli, janua mortis, inferni supplementum? . . . Non est in muliere stabilitas, quae onne te amat, cras alium amabit. . . . Nulla mulier tam fixe aliquem amavit, quae, veniente novo proco novisque precibus vel muneribus, non mutarit amorem. Mulier est animal imperfectum, varium, fallax, multis morbis passionibusque subjectum, sine fide, sine timore, sine constantia, sine pietate.

Der Dichter scheint in Bologna gelebt zu haben, wie man aus der Erwähnung dieser Stadt in dem Sonett schliessen darf, und das Gedicht i. J. 1492 verfasst zu haben, welches Jahr sich auf dem Titel der von Brunet beschriebenen Ausgabe befindet, wo hinter dem *castello di Romagna* noch steht: *del anno MCCCCLXXXXII.*

V.
Istoria di Maria per Ravenna.

Bl. 1 r. Titel: *Incomincia lahistoria di Maria per raueuna.* Darunter ein Holzschnitt und 4 Oktaven. 6 Blätter mit den Signaturen *a*, *a 2*, *a 3*, römische Schrift, zweispaltig, gewöhnlich 8 Oktaven auf der Seite, im ganzen 80; 4 Holzschnitte.

Anfang:	Schluss:
F Amofa citharea Venere bella	& ritornonfi albel placer paffato
conforto & refrigerio degliamanti	albuon prouerbio ciafcun ponga mente
tu lalor gulda tu lucente ftella	dimaria per rauenna elbel tenore
conduci aporto que che fon coftanti.	finita e quefta ftoria alnoftro honore.

Finita lahiftoria di Maria per rauenna.

Die bekannten alten Ausgaben sind zusammengestellt bei Passano, Novell. in Verso 108. Eine dort nicht erwähnte Ausgabe (Padova 1636) verzeichnet der Katalog Hibbert No 7092. Unsere Ausgabe ist nirgends erwähnt und bis jetzt unbekannt.

Wie es sich mit der i. J. 1864 im Besitze des Grafen Fabbri in Ravenna befindlichen Ausgabe verhält, ist aus der Bemerkung G. Romagnolis in seiner Ausgabe (Scelta di cur. lett., Disp. 45) S. 7 nicht zu ersehen.

Es giebt eine sprichwörtliche Redensart *cercar Maria per Ravenna*, deren Bedeutung nach dem Wörterbuche der Crusca und nach Tommaseo ist: *cercar le*

cose dove elle non sono, während Fanfani im Wörterbuche (vgl. auch Romagnolis Vorrede zu seiner Ausgabe des Gedichtes S. 2) angiebt: *andare incontro al proprio danno, o cercarlo. E anche: lasciare il certo per l'incerto*; und Petrocchi: *Cercar il suo danno, Cercar di butte.* An diese Redensart ist der Schwank angelehnt.

Der Inhalt desselben ist der folgende: Ginevra, die Tochter eines angesehenen Bürgers von Ravenna, und ein junger Mann, Diomedes, verlieben sich ineinander. Aber Ginevra wird von ihrem Vater gezwungen, einen alten, reichen Mann zu heiraten. Nachdem sie anderthalb Jahr verheiratet gewesen, ohne dass Ginevra und Diomedes einander vergessen haben, wird der Alte zum *podestà* von Perugia erwählt. Diomedes, der inzwischen in Rom gelebt hatte, erhält alsbald Kunde hiervon und begiebt sich als Frau verkleidet nach Ravenna zurück. Dort wird er unter dem Namen Maria - in vielen Häusern mit Sieben und Waschen beschäftigt,

nimmt aber als Bezahlung nur seinen Lebensunterhalt an. So arbeitet diese Maria auch im Hause des Alten, dem ihr grosser Fleiss und namentlich der Umstand, dass sie kein Geld annimmt, gefällt. Als er sich daher nach Perugia begeben muss, um sein Amt zu versehen, weiss er nichts Besseres zu thun, als seiner Frau die Maria als Gesellschafterin beizugeben. Nach achttägigem Suchen durch ganz Ravenna gelingt es ihm endlich, die Maria aufzufinden. Dann begiebt er sich nach Perugia. Die beiden Liebenden unterhalten sich in seiner Abwesenheit aufs beste. Als nach einem halben Jahre des Alten Amtszeit abgelaufen ist, kehrt er zurück, verliebt sich in die angebliche Maria, kommt aber bald zur richtigen Erkenntnis der Sachlage. Um sich seiner zu entledigen, strent Ginevra trockene Bohnen auf die Treppe; der Alte gleitet infolgedessen aus und stürzt die Treppe hinunter,

4 *

worauf Ginevra ihm noch einen Schlag mit einer Axt versetzt, so dass er tot bleibt. Darauf heiraten sich die Liebenden und leben von den Schätzen des Alten.

Cinzio de' Fabrizii, Libro della Origine delli volgari Proverbi (Vinegia 1526) hat No XXV in einer Erzählung u. d. T.: *Tu vai cercando Maria per Ravenna* Boccaccios Erzählung von der Wiege (Dec. IX 6) und die unserige zusammengeschweisst (vgl. G. Rua, Giorn. stor. XVIII 94). Unsere Erzählung bildet die *cantica terza*.

Sodann hat Agnolo Firenzuola den Schwank in der zweiten seiner zehn Novellen (Firenze 1548) behandelt, deutsch in Kellers Ital. Novellenschatz IV 358 unter dem vom Übersetzer herrührenden Titel: „Magd und Knecht".* Während Cinzio nach unserm Gedichte gearbeitet hat, hat Firenzuola, ebenso wie der Verfasser jenes, offenbar aus dem Volksmunde geschöpft.

Eine gewisse Ähnlichkeit mit unserer Erzählung zeigt eine in M. Montanns Wegkürtzer (Franckfurt a. M. 1565; über die Ausgaben vgl. Goedeke, Grundr. ² II 466) Bl. 30 v.: *Ein Junger gesell erwarb eins Königs Tochter*.

Ebenso soll** Puschkins Novelle *Domik v Kolomně* (Hänschen in Kolomna) mit unserm Schwanke Ähnlichkeit haben.

VI.

Storia della Bianca e la Bruna.

Auf Bl. 1r. ein die ganze Seite einnehmender Holzschnitt, bestehend aus einem Mittelstücke, die beiden sich mit Prügeln bearbeitenden Damen darstellend, und einem breiten Rahmen, dessen Sockel und Kopfstück anbei reproduziert sind. Über dem Mittelstücke der Titel: *La storia dela Biancha e la Bruna*. Die Rückseite ist frei. 4 Blätter, einschliesslich des ersten, ohne Signaturen, gotische Schrift, zweispaltig, auf jeder Seite 8, der letzten nur 2, im ganzen 42 Oktaven.

Anfang:

CHI videffe la prima vna donna bella
aparer bella infra dellaltre el fiore
che fuffe el fior di ciafcuna donzella
che confortando va el fuo amadore.

Schluss:

dicel milla fiorin chio la cafa mia
i altra roba auoi apparecchiata
siche la biancha ando con quel fignore
finita e quefta ftoria aluoftro honore.

Finita la Biancha e la Bruna.

Über die alten Ausgaben vgl. Passano, Novell. in Verso 13 und 18, und S. Ferrari, welcher im Giorn. stor. VI 361 das Gedicht nach einem florentiner Drucke von 1545 veröffentlicht hat, ebd. 360 und 393. Beiden ist die von G. B. Anliffredi, Catalog. romanar. edit. saeculi XV. (Romae 1783) 420 erwähnte Ausgabe unbekannt geblieben, die also beschrieben wird: *Constat ex foliis IV*.,

---

* Auf diese Novelle machte mich J. Bolte bei Gelegenheit des fünften Neuphilologentages aufmerksam. — ** Nach Mitteilung von Prof. A. Brückner bei derselben Gelegenheit.

quorum primum rectum exhibet duas foeminas lignis se caedentes, supra quas legitur titulus, La Jtoria dela BIANCHA e la BRUNA, idem versum & maxima pars ultimi versi vacuat: octavae sunt num. 42. Das ist offenbar die oben beschriebene Ausgabe. *

Ganz unbekannt ist eine auf der Hof- und Staatsbibliothek in München in dem Sammelbande P. o. ital. 331. 4° befindliche Ausgabe mit dem Titel: La Bruna ı la Biancha. | Et la Canzona del ninere afpetanza. Et la Canzona dela Palientia: Darunter ein Holzschnitt, zwei zu Pferde kämpfende Damen darstellend, und darunter 4 Oktaven. 4 Blätter ohne Signaturen, gotische Schrift, zweispaltig, auf jeder Seite, abgesehen von der ersten, 8, aber auf Bl. 3v. nur 6 Strophen, im ganzen 42. Unser Gedicht endigt Bl. 3v., und gleich darunter beginnt die erste der beiden Canzonen. Am Schlusse (Bl. 4v.): Impresso in Sicua per Symione di Nicolo, & Gionanni di Alixandro Librai. | Fontis Blandi Infignia. Darunter ein kleiner

Holzschnitt mit den Initialen P G C. Der erstgenannte Drucker druckte um 1525, in welchem Jahre er ein Leben der Katharina von Siena lieferte (s. B. Quaritch, General Catalogue 1887–88 S. 3749).

Inhalt: Zwei Damen verlieben sich in einen und denselben Jüngling. Die Sache soll durch ein Turnier entschieden werden, in welchem die Damen nach Ritterart gegen einander kämpfen. Die Weisse unterliegt, und die Braune erhält den Jüngling. Aber die Unterlegene findet einen Ersatz in einem Ritter.

Über die Quellenfrage handelt Ferrari in seiner Ausgabe.

* Dieselbe bietet, ebenso wie die in München vorhandene Ausgabe, einen bessern Text als die, welche Ferrari veröffentlicht hat. Der letztern fehlen (nach V. 192) zwei Strophen, und sie hat viele metrisch falsche oder bedenkliche Verse. Dass die Verse 228 und 229 umzustellen sind, ist dem Herausgeber entgangen.

VII.
Masetto da Lampolecchio.

Bl. 1r. Titel: *El Bolognese o nero Mafetto da lampolechio ortolano che fingueua | effere mutolo che impregno tutte lemonache duno munistero.* Darunter ein Holzschnitt und 4 Oktaven. 4 Blätter ohne Signaturen, römische Schrift, zweispaltig, 10 Oktaven auf jeder Seite, auf der letzten nur 5, im ganzen 69.

Anfang:

Clafcun che cerca daquiftar honore
nel fuo prinelpio de prima la nocare
chi llpuo dare adiuto con fauore
accio ebel poffa fuo opre ultimare.

Schluss:

fe in giouentu fiperde tal uentura
non fperi alcun dauerla quando e necbio
chi ha tempo il fappla adoperare
alnoftro honor e finito limio cantare.

Bei Brunet, Man. III 1515 und Passano, Novell. in Verso 10 werden zwei Ausgaben verzeichnet. Die erste, von welcher Libri (vgl. Katalog von 1847 No 2311) ein Exemplar besass, scheint mit der unserigen identisch*. Mit der zweiten, die ebenfalls Libri besass (vgl. ebd. No 2312), ist die in Wolfenbüttel vorhandene (vgl. Milchsack-D'Ancona, Due Farse 129) identisch. Es befinden sich also die beiden einzigen z. Z. bekannten Exemplare — denn wohin die Libris gekommen sind, ist unbekannt — der beiden Ausgaben auf deutschen Bibliotheken.

Es ist die erste Novelle des dritten Tages des Dekamerons, die Erzählung von dem sich stumm stellenden Gärtner und den Nonnen.

* Trotz einiger kleinen Abweichungen im Titel.

Vinc. Brugiantinos Bearbeitung der Novelle in Oktaven (*Cento Novelle*. Vinegia 1554) ist von der obigen unabhängig.

Bezüglich der Geschichte des Stoffes sind Landau, Quellen d. Dekam.[2] 172 und 177, La Fontaine ed. Regnier IV 483 und Cappelletti, Propugnat. XVI b 218 * zu vergleichen. Ich verweise noch auf die Bearbeitung bei M. Montanus, Wegkürtzer (vgl. oben S. 28) Bl. 49v.

VIII.
Il Saviozzo: O Specchio di Narciso.

Bl. 1r. Titel: *O specchio di Narciffo o Ganimede | Canzona damore fece Simone Jardini da | Siena chiamato il Saviozzo*. Bl. 1v. beginnt das Gedicht. 4 Blätter ohne Signaturen, römische Schrift, einspaltig, 7 Strophen *(quarta rima)* auf jeder Seite, auf der letzten nur 6, im ganzen 48.

<table>
<tr><td>Anfang:</td><td>Schluss:</td></tr>
<tr><td>OSpecchio di Narciffo o Ganimede
o Ipolito mio o l'alidoro
foccorrimi chio moro
prefa damore nella mia pura fede.</td><td>Quiui fia elpianto elmio dolore etherno
oue ne dlo deleiel mipuote atare
ma folo tu mene potrai chauare
o fignor mio de nonmi abandonare.</td></tr>
</table>

FINIS.

Zwei alte Ausgaben dieses Serventese aus dem 15. bzw. 16. Jahrh. erwähnt Zambrini, Op. volg.[4] 428. Die obige ist mit keiner derselben identisch. Die Hss. sind zusammengestellt von G. Volpi, Giorn. stor. XV 61, und ebd. 67 findet sich eine Ausgabe des Gedichtes nach einer Hs. der Laurenziana. Über den Dichter, Sardini, richtiger Serdini, († 1419 oder 1420) s. ebd. 1 ff.

IX.
Bradiamonte, sorella di Rinaldo da Montalbano.

Bl. 1r. Titel: *Bradiamonte forella di Rinaldo*. Darunter ein die ganze Seite einnehmender Holzschnitt. Der Text beginnt Bl. 1v. 8 Blätter mit den Signaturen *a2, a3, a4*. römische Schrift, zweispaltig, auf den ersten Seiten 9, auf den übrigen 8, im ganzen 126 Oktaven.

<table>
<tr><td>Anfang:</td><td>Schluss:</td></tr>
<tr><td>PEr dar dilecto & infinito piacere
a tucti quegli che ftanno afcoltare
ma prima noglio fare ilmio donere
inanzi chio uoglia cominciare.</td><td>del arboro per hauer ogni uictoria
del mio ingegno fate pocha ftima
fe non ho fodiffacto a tutti quanti
come meriterebbe a quefti canti.</td></tr>
</table>

Finito ilcantaro di Bradiamonte.

Über die ziemlich zahlreichen alten Ausgaben sind zu vergleichen: G. Ferrario, Storia ed Analisi degli antichi Romanzi di Cavalleria IV 181 und 281; Melzi-Tosi,

---

* Zu der daselbst erwähnten altfranzösischen Erzählung *De l'abbesse groſſe* vgl. jetzt H. Schnell, Zeitsch. f. vgl. Litt.-Gesch., N. F. I 254.

Bibliogr. dei Romanzi di Cavall. (1865) 97; Katalog Libri von 1847, No 1054—57;

Brunet, Man. I 1198 und Suppl. I 167; Milchsack-D'Ancona, Due Farse 182. Die Erlanger Ausgabe ist nirgends erwähnt.

Der Inhalt ist folgender. Karl d. Gr. hatte unter seinen Baronen einen mächtigen Herzog, Namens Amone, Herrn von Dardona, der fünf Kinder hatte, nämlich vier Söhne, Alardo, Rinaldo, Guicciardo, Ricciardetto, und eine Tochter, Bradiamonte, die ehrbar, schön und waffengeübt war und nur denjenigen zum Gatten nehmen wollte, der sie im Kampfe besiegen würde. Ihr Ruf verbreitete sich weithin unter den Heiden.

Als Almansor, ein Sarazenenkönig der Berberei, einst ein grosses Fest giebt, bei welchem die Frauen aus seinem ganzen Lande zugegen sind, fragt er seinen Hofnarren, der weit in der Welt herumgekommen, wo er die schönsten Frauen gesehen habe. Dieser antwortet, die schönste Frau, die er je erblickt habe, sei Bradiamonte. Almansor ist sofort in sie verliebt und bricht mit einem mächtigen Heere und einem grossen Schatze auf, um Bradiamonte aufzusuchen. Er kommt nach Valencia, wo der König Marsilione ihn warnt. Aber Almansor lässt sich nicht abhalten, zieht nach Paris, wo Karl sich aufhält, schlägt sein Lager vor der Stadt auf und sendet durch seinen Vetter Castoro an Karl einen Brief, in welchem er ihm den Grund seines Kommens mitteilt. Karl erklärt, nicht über die Hand der Bradiamonte verfügen zu können, und Rinaldo sendet den Brief an seine Schwester, die sich in Montalbano aufhält. Bradiamonte legt alsbald ihre Rüstung an, besteigt ihr Pferd und begiebt sich an Karls Hof. Dort erklärt sie sich bereit, Almansors Gattin zu werden, wenn sie im Kampfe mit ihm unterliege; falls sie aber den Sieg davonträgt, verlangt sie zwölf Lasten von Almansors Schatze. Der Sarazenenkönig geht auf die Bedingungen ein. Rinaldo leiht seiner Schwester seinen Helm, seinen Schild, sein Schwert Frusberta und sein Ross Bajardo. Nach einem längern Gespräche zwischen Almansor und Bradiamonte, dadurch veranlasst, dass ersterer das Antlitz seiner Gegnerin zu sehen wünscht, beginnt der Kampf, der mit der Besiegung und dem Tode Almansors endet, worauf die Siegerin von dem Schatze Besitz nimmt. Am folgenden Tage findet eine Schlacht zwischen den Christen und dem Sarazenen-Heere statt, in welcher das letztere gänzlich in die Flucht geschlagen wird. Castoro führt die Überreste desselben in die Berberei zurück.

Von den ältern Bearbeitungen der Sage von den Haimonskindern * kennt nur die altnordische, der zweiten Hälfte des 13. Jahrh. zugewiesene Mágus-Saga ** eine Schwester der vier Brüder. Sie heisst dort Matthild, spielt aber nur eine untergeordnete Rolle und hat nichts mit der kühnen Kämpferin Bradiamonte gemein.

Die letztere ist den spätern italienischen Gestaltungen der Haimonskinder eigentümlich. Man kennt sie zur Genüge aus Bojardos *Orlando innamorato* *** und

---

* Vgl. die Litterarur bei Cr. Nyrop, Storia dell' Epopea francese nel medio evo (1896) 460 und F. Pfaff, Das deutsche Volksbuch von den Heymonskindern (1887), Einleitung. — ** Vgl. die Litteratur bei Th. Möbius, Verzeichnis (1880) 84. — *** Es finden sich in den alten Ausgaben verschiedene Formen des Namens: Brandiamante, Brandiamonte, Bradiamante, Bradiamonte. Vgl. G. Regis' Übersetzung (1840) S. 403.

5

Ariosts *Orlando furioso*. Aber die in unserm Gedichte (dessen älteste datierte Ausgabe von 1489 siebenundzwanzig Jahre vor Ariosts und drei Jahre nach Bojardos Dichtung erschien) erzählte Episode findet sich bei keinem der beiden genannten Dichter. Woher sie stammt, ist z. Z. noch ebenso unklar, wie der Ursprung der Persönlichkeit und des Namens der Heldin überhaupt *.

X.
Lorenzo de' Medici: La Nencia da Barberino.

Bl. 1 r. Titel: *La Nenciozza da Barberino*. Darunter ein Holzschnitt. Auf Bl. 1 v. beginnt das Gedicht. Es sind 4 Blätter ohne Signaturen, gotische

Schrift, zweispaltig, 8 Oktaven auf der Seite, auf der letzten nur 3, im ganzen 51.

---

* P. Paris, Hist. litt. XXII 700 sagt: *Le personnage de Bradamante semble être entièrement de l'invention des Italiens, si ce n'est que le nom de la femme de Marsile, Bramimunde, peut avoir fourni la première idée de cette autre héroïne. Neben Bramimunde kommt im Rolandsliede auch die Form Bramidonie vor. Aber diese Frau hat ihrem Wesen nach mit jener Amazone doch gar nichts gemein.

Anfang:

A Ido damore i coaniewmi cantare
perona dama ebe miftrugge ilcore
cognotta chilafeato ricordare
elcor mibrilla i par ebe gllefea fore.

Io neggo ben ebellan paffato elrio
et feato mf chlamar da mona mafa
fattl condio candar mewe ao tofto
ehl feato aaaai ebe awol far delmofto. Finis.

Über andere Ausgaben vgl. Gamba, Serie ' S. 203; Katalog Hibbert No 1804;
Katalog Libri von 1847 No 1710; Brunet, Man. III 1570; Milchsack-D'Ancona, Due
Farse 257. Die obige Ausgabe ist nirgends erwähnt.
Eine fernere, bis jetzt gleichfalls unbekannte Ausgabe o. O. u. J. ist im
Besitze der Hof- und Staatsbibliothek in München, in dem Sammelbande Inc. s. a. 1531.
Es sind 4 Blätter mit den Signaturen a, a2, zweispaltig, römische Schrift. Auf
Bl. 1 r. der Titel: La Nencioz za da Barberino & la Beca Compafte | per Luigi Pulci.
Darunter derselbe Holzschnitt wie im oben beschriebenen Drucke. Dann die beiden
ersten Strophen. Auf Bl. 1 v. — Bl. 3 r. stehen je 11, auf Bl. 3 v. 5 Strophen, im
ganzen 51. Am Schlusse des zweiten Gedichtes steht:

Legga la Beca chi ba appetito
Sapere iprouti mottl rufticani
Et dal fuo Nuto fara exaudito.

Es ist ein bekanntes Gedicht des Lorenzo de' Medici. Vgl. über dasselbe
A. Gaspary, Gesch. d. ital. Lit. II 245.
In der mir vorliegenden modernen Ausgabe (Poesie di Lorenzo de' Medici.
Firenze, Barbéra 1859 S. 236) enthält das Gedicht eine Strophe weniger als in
diesen beiden alten Drucken. Dieselbe lautet (25):

Non ci paffa neffao per la contrada
che non dican: Va glu, ch'ella t'afpecta.
allor mi eaccio glu per quefta ftrada,
mettendo e bifantin nella berretta,

perch' io fo ch' ell' e vaga. Ch' l' vi vada,
fempre la truovo ch'ella fi rafetta;
et dove ell'e, che pure ella mi fenta,
duo fanfaluche dal* balcon m'arenta.

XI.
Florio e Biaociflore.

Bl. 1 r. Titel: Dio damore Bianchifiore Florio. Genau genommen ist dies nicht
der Titel, sondern es sind die Namen von drei auf dem darunter stehenden Holzschnitte dargestellten Personen. Ein eigentlicher Titel fehlt. Unter dem Holzschnitte
steht dann noch die erste, hier nur 6 Verse zählende Strophe. Bl. 1 v. ist leer.
Es sind 12 Blätter, einschliesslich des ersten, mit den Signaturen a II, bIII, gotische
Schrift, 137 Oktaven, auf der Seite in der Regel 10; auf Bl. 12 r. steht nur 1 Oktave,
die Rückseite ist leer. 8 grobe Holzschnitte, von denen aber einer doppelt; der vorletzte ist auf der folgenden Seite reproduziert.

---

* Der Erlanger Druck: da, der Münchener: dal.

Anfang:

Donne e fignori voglioui pregare
chel mio dicto fia ben afcoltato
dicere vi voglio i contare
hor mafeulta chiunche inamorato
como nafcio Florio o Biancifiore
chinfieme crefcero con grandamore.

Schluss:

con tutta la fua gente Il fe tornare
alla fe catholica e christiana
i poi di roma fu electo Imperadore
i gran tempo viffe con Biancifiore.
Finis.

Zusammenstellungen der alten Drucke geben Brunet, Man. II 1300; Passano, Novell. in Verso 105 fl.; Zambrini, Op. volg.[4] 981 fl. nebst Append. 188. Die obige

Ausgabe erwähnen Brunet und Passano an dritter, Zambrini an vierter Stelle. Ausführlich, jedoch mit mehrern Fehlern in dem mitgeteilten Anfange und Schlusse, ist der Druck von Andiffredi, Catalog. romanar. edit. saeculi XV. (Romae 1783) 419 beschrieben worden. Einen Abdruck der von Passano an erster Stelle ange-

---

[1] Den Holzschnitt auf Bl. 10r. finde ich wieder in: *La Historia de fegire le false Donne.* 4 Blätter, o. O. u. J (Hof- und Staatsbibliothek in München: P. o. ital. 331 4°).

führten Ausgabe mit Varianten aus zwei Handschriften besorgte E. Hausknecht, Herrigs Arch. 71, 1 fl. Von einer Ausgabe Crescinis ist der erste Band, eine litteraturgeschichtliche Untersuchung enthaltend, 1889 erschienen (Scelta di cur. lett., Disp. 233).

XII.
Novella di Gualtieri e Griselda.

Bl. 1 r. Titel: *Lanouella di Gualtieri Marchese di Saluzo e de Grifelda figluola di Giannucholo.* Darunter ein Holzschnitt und dann die beiden ersten Strophen. 6 Blätter mit den Signaturen *a II, a III*, römische Schrift, zweispaltig, in der Regel 8 oder 9 Oktaven auf der Seite, im ganzen 80. 4 Holzschnitte.

Anfang:

EXcelfo diue & gloriofe fuore
lequali Il facro fonte par che bagni
da eui nefpira el fuaue liquore
in ecori generofi inuicti & magni.

Schluss:

datai elpelliecione cha meglio etermini
forfe ritronerrebe nelrifcuotere
lemembra, fiche con que uolentieri
ftare nefarebbe ognun gualtieri.

FINITA.

Über die alten Ausgaben vgl. Brunet, Man. IV 125; Passano, Novell. in Verso 96;

Milchsack-D'Ancona, Due Farse 230; C. Negroni, Propugn. XIX b 430. Die bei Milchsack-D'Ancona beschriebene Ausgabe in Wolfenbüttel ist identisch mit der von Passano an zweiter Stelle erwähnten. Unsere Ausgabe ist bis jetzt unbekannt. Gegenüber dem von Romagnoli (Scelta di cur. lett., Disp. 19) nach dem *Appendice*

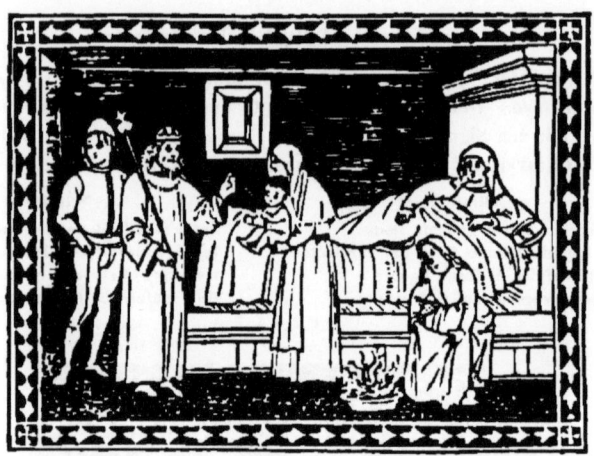

all' *Illustrazione istor. del Decameron del Boccaccio* (Milano 1829) — dessen Verf. den von Passano an erster Stelle erwähnten Druck zu Grunde legte — veröffentlichten Texte fehlen dem unserigen zwei Oktaven, die dreizehnte und die vorletzte. An der von

Negroni a. a. O. 435 erwähnten Stelle der zwölften Oktave hat unser Text die spätere Lesart: *costretto : effetto.*

Es ist eine Bearbeitung der zehnten Novelle des zehnten Tages des Dekamerons. Der Verfasser bezieht sich selbst auf seine Quelle (Str. 5): *Harendo gia a mia camfolatione In el Boccacio tal faertia lecto.* Vinc. Brugiautinos Bearbeitung *(Cento Novelle)* hat mit der obigen nichts zu thun.

Über die Erzählung handeln R. Köhler bei Ersch und Gruber, Sect. I Bd. 91 S. 413 und F. v. Westenholz, Die Griseldis-Sage in der Literaturgeschichte (1888). Weitere Litteraturnachweise geben Ph. Strauch, Anz. f. d. Altert. XIV 248; J. Bolte, Zt. f. d. Phil. XXI 472; W. v. Biedermann, Zt. f. vergl. Litt.-Gesch., N. F. II 112;

E. Koeppel, Stud. z. Gesch. d. ital. Novelle in d. engl. Litt. 85; G. Hübsch in seiner Ausgabe von *The pleasant Comedie of patient Grisil* (Erlanger Beiträge XV)*.

* Einige weitere Nachweise. La Griselda, Novelletta inedita scritta nel Secolo XV. (ed. Zambrini; Imola 1875). — Eine noch ungedruckte italien. *Rappresentazione* (s. D'Ancona, Orig. del Teatro ital. ¹ I 434). — H. Imbert, Grisélidis, Poème en trois Chants (Choix de Fabliaux II 223 der Ausgabe Genève 1788). — Grisélide, Comédie héroïque (Paris 1791). — Silvestre et Morand, Grisélidis, en trois Actes (1891 auf dem Théâtre-Français mit grossem Erfolge aufgeführt). — Eine rumänische Übersetzung des Textes in G. Schwab Volksbüchern erschien i. J. 1878 (s. Zt. f. rom. Phil. III, Bibliogr. 533). — Der älteste Druck des schwedischen Volksbuches (s. R. Köhler a. a. O. 416) datiert nicht von 1644, sondern von 1622 (s. H. Schück, Svensk Literaturhistoria I 364). — Hans Sachsens Komödie ist sprachlich erneuert worden von K. Pannier (Reclams Universal-bibl. 1381—82). — Vgl. auch E. Lévêque, Les Mythes et les Légendes de l'Inde etc. (Paris 1880) 526 und A. Wesselofski, La Griselda di Boccaccio e la Novella russa (Civiltà Ital. I 156).

XIII.

Novella di due Preti et un Cherico.

Bl. 1 r. Titel: *Lanouella didup preti & un cherico inamorati duna donna.*
Darunter ein Holzschnitt und 4 Oktaven. 4 Blätter ohne Signaturen, römische Schrift,
zweispaltig, auf jeder Seite 8 Oktaven, ausser der ersten und der letzten, wo je 4
stehen. Im ganzen sind es 56 Oktaven. Ein zweiter Holzschnitt steht am Ende.

Anfang:

C Iliaro rubino fopra lallve gemme
madre dixpo fua figluolaefpofa
che partorifti o madre in belliemme
iltuo figluolo madre gloriofa.

Schluss:

accioche uoi non neffate ingannati
&non chagiate mai in fi facto errore
menatele adormire neluoftro lecto
aluoftro honore quefto cantare o decto.

Finita lanouella de dua preti & un cherico.

Passano, Novell. in Verso 99 führt den Titel an, entnimmt denselben aber nur
einer Desiderienliste Gaetano Poggialis. Eine von der unserigen verschiedene Ausgabe besitzt das Berliner Kupferstichkabinet. Lippmann, Der italien. Holzschnitt
III 187 beschreibt dieselbe: „La nouella die duo preti et un cleriro inamorati duna
donna o. O. u. J. (Florenz um 1500) 4°. mit zwei fein gezeichneten humoristischen
Holzschnitten". Weitere Exemplare des Gedichtes sind z. Z. nicht bekannt.

Der Inhalt des derben Schwankes ist der folgende. In einer Pfarre in der
Nähe von Siena lebten ein Pfarrer, ein Priester und ein *cherico*, welches Wort hier

wohl „Altardiener" bedeuten soll. Alle drei waren in die hübsche Frau eines dem Pfarrbezirke angehörenden Bürgers verliebt. Als diese eines Tages in der Kirche war, benutzte der Priester die Gelegenheit zu einer Liebeserklärung. Die Frau verliess sofort die Kirche. Auf dem Kirchhofe begegnet ihr der Pfarrer und später der Altardiener, die beide ebenfalls ihre Liebeserklärung anbringen. Die Frau lässt sich mit keinem ein, sondern meidet eine Zeit lang die Kirche. Als sie aber an einem Festtage wieder in derselben erscheint, wiederholt sich der nämliche Vorgang, weshalb sie nunmehr von der Kirche ganz fernbleibt.

Als eines Tages ihr Gatte die Ursache hiervon zu erfahren fordert und ihr mit einem Messer droht, wenn sie nicht die Wahrheit gestehe, erzählt sie ihm alles. Auf Anweisung des Gatten muss sie nun zur Kirche gehen und allen drei

Liebhabern, die ihre Werbungen wiederholen, Erfüllung ihrer Wünsche gegen Zahlung bedeutender Geldbeträge verheissen und sie zugleich alle zu einer und derselben Stunde in ihre Wohnung bestellen. Ihr Gatte, erklärt sie, werde zu der Zeit nach Siena verreist sein.

Der Gatte lässt alsdann einen grossen Zuber mit Wasser füllen und setzt letzterm ein Quantum Färberwaid zu. In der Nähe wird eine geräumige Tonne aufgestellt, und die Frau erhält ihre Instruktion.

Zur festgesetzten Stunde ist zuerst der Priester zur Stelle. Er übergiebt der Frau das versprochene Geld, 110 Florins, und lässt sich dann von ihr überreden, in dem bewussten Zuber ein Bad zu nehmen, infolgedessen er vollständig schwarz gefärbt wird. Da pocht der Gatte an der Thür und verlangt Einlass. Die Frau stellt sich

6

sehr erschrocken und veranlasst den Priester, sich in der Tonne zu verstecken. Ebenso ergeht es den beiden andern Liebhabern, von denen der eine um 121 Florins, der andere um 200 Lire erleichtert wird, so dass alle drei sich in der Tonne zusammenfinden, worauf der Gatte die Öffnung verschliesst und die Tonne über Nacht stehen lässt.

Am folgenden Morgen ruft derselbe die Nachbarn, wohl zwanzig an der Zahl, zusammen, um ihm behülflich zu sein, die Tonne aus dem Hause zu bringen. Einige derselben blicken in das Innere und erklären, als sie die drei schwarzen Gestalten sehen, es sässen drei Teufel da drinnen. Der Gatte macht darauf den Vorschlag, zum Zwecke der Vertreibung dieser höllischen Gäste nach der Pfarre zu schicken und den Priester nebst dem Pfarrer und dem Altardiener holen zu lassen. Es wird auch ein Bote abgeschickt, der aber natürlich die Pfarre leer findet. Darauf wird zum Abte eines Klosters gesandt, der alsbald auch erscheint in Begleitung von Mönchen, welche das *officium sanctum* singen, Psalmen sprechen und viele Reliquien sowie das Kreuz tragen. Darauf wird die Tonne geöffnet, und die drei vermeintlichen Teufel kommen heraus. Die Bauern stürzen sich mit Stöcken auf sie und prügeln sie weidlich durch, während der Abt das *dirupisti* spricht und mit dem Kreuze in der Hand sie in die Hölle bannt: „Gehet, Verfluchte, in das ewige Feuer!" Die Unglücklichen entfliehen und gelangen wieder in die Pfarre.

Der hier behandelte Stoff ist ein wohlbekannter. Am nächsten dem Gedichte steht eine Novelle Giovanni Sercambis, No 9 in Reniers Ausgabe (Turin 1889), wo die Geschichte in Lucca lokalisiert ist. Die drei Liebhaber sind hier drei Priester von drei verschiedenen Kirchen. Der Gatte macht drei verschiedene Bäder zurecht, infolgedessen der eine Priester gelb, der zweite rot, der dritte blau gefärbt wird. Die feierliche Beschwörung der angeblichen Teufel durch den Abt fehlt hier. Die Tonne wird auf den Michaelsplatz geschafft, wo der Gatte die Reifen mit einer Axt zerschlägt, worauf das gelb-rot-blaue Kleeblatt zum Vorschein kommt. Ein jeder der drei Unglücklichen versucht, seine Kirche zu erreichen; aber ein jeder wird an der Thür seiner Kirche von den Wächtern gefangen genommen und vor den Bischof geführt, der alle drei streng bestraft.

Der Stoff stammt aus dem Morgenlande, und die beiden oben besprochenen italienischen Bearbeitungen stehen den morgenländischen, speziell der Fassung in Somadevas Kathâsaritsâgara Kap. IV (deutsch von H. Brockhaus) sehr nahe, während die zahlreichen übrigen abendländischen Bearbeitungen sich, namentlich dadurch dass sie sich mit andern Motiven verbinden, mehr oder weniger von der ursprünglichen Gestalt entfernen.

Bezüglich weiterer Litteraturnachweise sei auf meine Zusammenstellung in der Einleitung zu einer neufranzösischen Bearbeitung *Histoire de Monsieur l'Abbé teint en Vert* (1892) verwiesen.

XIV.

Novella della Figliuola del Mercatante.

Bl. 1 r. Titel: *Lanouella della figluola delmercatante che sifuggi laprima!fera dal marito per non effere impregnata.* Darunter 2 Oktaven und ein Holzschnitt. 4 Blätter ohne Signaturen, römische Schrift, zweispaltig; ein zweiter Holzschnitt auf Bl. 2 r., ein dritter auf Bl. 3 r. Auf Bl. 2 v., 3 v. und 4 v. je 8, auf Bl. 1 r., 3 r. und 4 r. je 2, auf Bl. 2 r. 4, im ganzen 34 Oktaven.

Anfang:

Alnome fia di xpo benedecto
et dellamadre uergine Maria
conciofia cofa che con lointellecto
cercando un un modo & una uia.

Schluss:

che per tropo danzare nedar perdono
lodouinello fipotre guaftare
et fanza zufolare e fecion poi
quefto e, finito per amor di noi.

Finita e 'lanouella dela figliuola | del mercatante.

Brunet, Man. IV 124 und Suppl. II 46, sowie Passano, Novell. in Verso 95 verzeichnen zwei alte Ausgaben, von denen die erste mit der obigen identisch ist. Eine dritte Ausgabe in Wolfenbüttel wird bei Milchsack-D'Ancona, Due Farse 259 erwähnt. Über zwei neuere Ausgaben von 1861 und 1865, die eine nach einer Handschrift in zwölf, die andere nach der oben beschriebenen Ausgabe in hundert Abzügen, vgl. Passano 197 und 218 und besonders Zambrini, Op. volg.[4] 694.

Der Inhalt dieses Schwankes ist: Ein Kaufmann hat eine sehr schöne Tochter, welche in der Einsamkeit ohne Verkehr mit andern Menschen ausser ihrem Vater, der noch dazu meist abwesend ist, und einer Kammerfrau aufgewachsen und daher in Beziehung auf gewisse Dinge gänzlich ununterrichtet ist. Als sie eines Tages allein auf dem Balkon steht, kommt ein junger Mann, der auf der Rebhuhnjagd ist, vorüber und macht einen derben Scherz, indem er ihr zuruft (Str. 7):

La piu bella figura che mai foffe
di vero fareftl, fe fuffi impregnata.

Infolgedessen sucht sie alsbald die Kammerfrau auf und gebietet ihr (Str. 8):

Ogu' altra cofa del mondo abandona
et fa ch'io fia impregnata a ogni pacto.

Und ebenso verlangt sie von dem von einer Reise zurückkehrenden Vater (Str. 11):

Ne tu vuoi, padre, ch' I' nel mondo regni,
fa comanche tu vuoi immantenente
che habbi senza fallo un che m' impregni.

Der Vater lässt ihr eine tüchtige Tracht Prügel zukommen, die sie in der Meinung, dass dies das gewünschte Schönheitsmittel sei, eine Zeit lang ruhig erträgt, bis sie endlich das Blut laufen sieht und ausruft (Str. 13): *Non piu! L'impregnar si m'uccide.* Aber der Vater setzt die Züchtigung fort, bis ihr ganzer Körper blau und blutig geschlagen ist.

Bald darauf wird die Tochter mit eben jenem jungen Manne verheiratet. Als sie mit ihrem neuvermählten Gatten auf dem Wege zu dessen Hause ist, sagt ein gerade des Weges kommender Bauer zu ihr (Str. 19):

Va, franca donna, non haver penfieri!
che ti promettio, fe Christo ti vaglia,
che tu farai impregnata.

Sie ist über diese Mitteilung höchst erschrocken, da sie dieselbe dahin versteht, dass ihr eine neue Auflage jener Züchtigung bevorstehe. Daher entflieht sie am Abend aus dem Brautgemache in den Garten, und nur mit Mühe gelingt es dem jungen Ehemanne, nachdem er sie dort endlich gefunden, sie zu überreden, in das Haus zurückzukehren, wo er dann mit Hülfe einer schmutzigen List* die Erfüllung seiner Wünsche erreicht.

Cinzio de' Fabrizii, Libro della Origine delli volgari Proverbi (Vinegia 1526) hat No XXXI die Geschichte in Terzinen behandelt; vgl. dazu G. Rua, Giorn. stor. XVIII 94. In Prosa findet sie sich bei Tommaso Costo, Il Fuggilozio (älteste

bekannte Ausgabe von 1596) gegen den Schluss des achten Tages. Auf dieser Darstellung beruht die bei L. Garon, Le Chasse-Ennuy (Paris 1633), Centurie IV No XXVIII und die in den Contes à rire u. d. T.: *L'Agnès dépucelée*, S. 264 in Chassauts Ausgabe (Paris 1881).

Weiter ab steht eine Erzählung in Frischlins Facetiae: *De muliere simplici***, deutsch bearbeitet in M. Montanus, Wegkürtzer (Franckfurt a. M. 1565; s. oben S. 28) Bl. 46 r. und wohl hiernach in Agricola Tabens, Mäynhincklers Sack (1612; s. Goedeke, Grundr.² II 472) No I und II.

46

XV.

Istoria di Ottinello e Giulia.

Bl. 1 r. Titel: *Incomincia lahiftoria di Octinello & Iulia.* Darunter ein Holz-schnitt. 4 Blätter ohne Signaturen, römische Schrift, zweispaltig; auf Bl. 1 r. 3 Oktaven, auf Bl. 1 v., Bl. 2, Bl. 3 und Bl. 4 r. je 34, Bl. 4 v. 32 Verse, im ganzen 62 Oktaven.

Anfang:

O Vero fommo & giufto redemptore
gouernator di tutto luniuerfo
Illuftra alquanto ilmio mifero core
foccorrimi che mai non fia fommerfo.

Schluss:

principe facto & con uirtu modefta
fi fece caualiere & dor calzoto (*so*)
glifn glifproni & ulffe in gran uictoria
alnoftro honore e. decta quefta Iftoria.

Finita e. la hiftoria di Octinello & Iulia.

Über die alten Ausgaben vgl. D'Ancona, Poemetti popolari italiani (Bologna 1889) 406, wo die obige an erster Stelle genannt ist. Bemerkt sei, dass ein Exemplar der an vierter Stelle angeführten Ausgabe sich auf der Königl. Bibliothek in Berlin (No 5) befindet.

Die obige Ausgabe scheint die älteste zu sein. Nur ein einziges weiteres Exemplar derselben ist bekannt, das, welches Libri besass (s. seinen Katalog von 1847

No 1429; auch Brunet, Man. III 220). Wo dasselbe sich jetzt befindet, ist unbekannt. Daher hat D'Ancona in seinen beiden Ausgaben des Gedichtes (*Scelta di cur. lett.*, Disp. LXXXIII und *Poemetti popol.* 431) — die aber nicht als kritische gelten können — einen ebenfalls undatierten, in das 16. Jahrh. gesetzten und von ihm an zweiter Stelle genannten Druck zu Grunde gelegt. Er hat dabei insofern einen nicht glücklichen Griff gethan, als diese Ausgabe die einzige nicht vollständige ist. Alle andern Ausgaben haben 62, die von D'Ancona benutzte nur 60 Strophen. Der Grund der Unterdrückung liegt offenbar in moralischen Bedenken, welche den Veranstalter dieser Ausgabe auch zur Abänderung der beiden letzten Zeilen der vorhergehenden Strophe veranlasst haben. Dort heisst es, nachdem die Hochzeit stattgefunden und die Gäste wieder abgereist sind, in unserer Ausgabe (Str. 59):

> & Oetinello per pigliar dilecto
> con lulia se n'ando in un magno lecto.

Hierfür ist in der von D'Ancona benutzten Ausgabe eingesetzt worden:

> Giunsero a lor citta li vecchiarelli
> Con gran 'legrezza de' suoi figli belli.

Die beiden sich hieran schliessenden, in der von D'Ancona benutzten Ausgabe unterdrückten Strophen lauten:

60.	**61.**
Se delle rofe colfo nel giardino,	Alla bollezza fua fece il dovere,
fignor, penfare che u' havea raglone;	che fempre in braccio quella tenne ftretta
fendo il fuo corpo tanto pellegrino	di lei pigliando amorofo piacere,
a neffuna altra cofa non penfone,	& di guardare l'un l'altro fi dilecta.
dicendo l'uno all' altro: Amor mio fino,	ognuno havea del toccharfi potere,
nel tempo fian della confolatione	ma lulia bella, vaga, giovinetta
con dolce pace, senza alcuno impaccio!	fatolla fi vedea non fatia ancora,
& tutta nocte fe la tenne imbraccio.	quando apparve del giorno l'aurora *.

Der Inhalt ist in Kürze: Ottinello entflieht mit der von ihm geliebten Julia. Am Ufer eines Flusses machen sie Rast und schlafen ein. Unterdessen raubt ein Falke den kostbaren Schleier, mit welchem Ottinello sein Gesicht bedeckt hatte. Letzterer erwacht, eilt dem Falken nach, wird von Seeräubern gefangen genommen, und erst nach mancherlei Abenteuern werden die Liebenden wieder vereinigt.

Die Erzählung ist in ihrem Kerne morgenländischen Ursprungs, hier aber mit Zügen aus einer andern durchsetzt, als deren bekanntester Vertreter die Legende von Placidus-Eustachius bezeichnet werden darf, und die ihrerseits auf einem jetzt verlorenen spätgriechischen Romane zu beruhen scheint. Vgl. über die Erzählung D'Ancona, Poem. pop. 393. S. auch Rua, Giorn. stor. XVIII 96.

---

* Eine moderne Ausgabe (Firenze, Salani, 1891) hat diese beiden Strophen ebenfalls, aber mit Beseitigung der anstössigen Ausdrücke. Ebenso ist dort in der vorhergehenden Strophe das *magno lecto* durch einen *bell' orto* (ruhend mit *conforto* statt *dilecto*) ersetzt worden.

XVI.
Storia delle Regina Stella e Mattabruna.

Bl. 1 r. Titel: *La storia di Mattabruna.* Darauf das Gedicht. 4 Blätter ohne Signaturen, gotische Schrift, zweispaltig, 10 Oktaven auf jeder Seite, auf Bl. 4 v. nur 9, im ganzen 79.

Anfang:

GLorificata verglue Maria
che in quefto mondo portafti dolore
deltuo figliol quando lagente ria
glifparfe ilfangue con tanto furore.

Schluss:

ma ligran configlio fente tal nouella
che mattabruna dital error fcampaua
la fen fqnartare che ben fegli conuiene
e chi fa mal non fperi dhauer bene.

FINIS

Ioannes, dictus Florentinus.

Über die Ausgaben vgl. Brunet, Man. III 217; Passano, Novell in Verso 81; Milchsack-D'Ancona, Due Farse 150. Die obige Ausgabe ist bis jetzt unbekannt. Auch die in Wolfenbüttel befindliche ist mit keiner der übrigen identisch.

Der Inhalt ist der folgende. Oriano, König von Spanien, in Belfiore wohnend, liebt seine Gemahlin, die Königin Stella, innig, während seine Mutter Mattabruna der Schwiegertochter feindlich gesinnt ist. Als er eines Tages zusammen mit Stella* am Fenster steht, sehen sie eine Bettlerin mit zwei Kindern. Bei diesem Anblicke empfindet der König es schmerzlich, dass Stella ihm noch kein Kind geschenkt hat, und fleht zu Gott um ein solches. Stella wird mit vier Kindern schwanger. Als die Stunde der Geburt herankommt, entfernt Mattabruna alle andern Frauen aus dem Zimmer, in welchem Stella liegt. Diese bringt alsdann vier Kinder, drei Knaben und ein Mädchen zur Welt, ein jedes mit einem silbernen Kettchen um den Hals, welchem die Kraft innewohnt, vor plötzlichem Tode zu schützen. Ausserdem trug der zuerst geborene Sohn ein Zeichen an sich, welches besagte, er werde nach dem Tode seines Vaters König von Spanien sein. Mattabruna nimmt darauf die vier Kinder mit sich fort und übergiebt sie einem Diener Guido, um sie zu ertränken. Dieser begiebt sich mit ihnen in einen Wald. Als er aber an das Ufer eines grossen Flusses kommt, tötet er die Kinder nicht, sondern setzt sie am Ufer desselben aus. Mattabruna legt der Stella vier junge Hunde ins Bett. Dann meldet sie Oriano, Stella habe vier Hunde geboren, woraus hervorgehe, dass sie sich mit einem Hunde vergangen habe. Sie dringt daher in Oriano, Stella töten zu lassen, was zu thun dieser sich aber weigert; doch erreicht sie wenigstens, dass Stella ins Gefängnis geworfen und dort schimpflich behandelt wird.

Die Kinder aber findet ein Einsiedler, nimmt sich, auf Anweisung einer aus der Luft ertönenden Stimme, ihrer an, erkennt an dem Zeichen am Körper des

---

* Im Texte steht nur: *stando un giorno* lunfieme *ala finestra.* Da unmittelbar vorher nicht Stella, sondern Mattabruna genannt ist, müsste man eigentlich annehmen, dass diese mit Oriano am Fenster gestanden habe; doch ist offenbar Stella gemeint.

ältesten Knaben, dass sie königlicher Abstammung sind, und bittet Gott um Hülfe für dieselben. Als er mit den Kindern seine Einsiedelei betritt, findet er dort eine Hirschkuh, welche nun die Kinder säugt. Später versieht ein Engel dieselben mit Lebensmitteln. Der älteste Knabe entwickelt eine ausserordentliche Körperkraft, so dass der Einsiedler, wenn er seine Hütte verlässt, ihn stets zu seinem Schutze mitnimmt.

Nun lebte dort in der Nähe ein Mann, namens Triadasse, von riesenhaftem Aussehen. Er war ein Diener der Mattabruna und musste im Auftrage Orianos den Wald bewachen. Dieser kommt eines Tages in die Nähe der Einsiedelei, erblickt dort drei der Kinder — der älteste Knabe war mit dem Einsiedler fortgegangen — nackt oder dürftig in Felle gehüllt, bemerkt auch die silbernen Kettchen, empfindet Mitleid und macht sich alsbald auf den Weg nach Belfiore, um dem Könige von der Sache Mitteilung zu machen. Aber er findet dort nicht Oriano, sondern die Mattabruna, welche aus der Beschreibung, namentlich der Erwähnung der silbernen Kettchen, sofort erkennt, dass es die Kinder der Stella sind. Sie beauftragt daher Triadasse, die Kinder zu töten und ihr die Kettchen zu bringen. Dieser findet abermals nur die beiden jüngsten Brüder und die Schwester, nimmt ihnen, jedoch ohne sie zu töten, die Kettchen ab und bringt diese der Mattabruna.

Inzwischen weiss Mattabruna den König zu bestimmen, das Todesurteil über Stella auszusprechen.

Als der Einsiedler zurückkehrt und von den Kindern erfährt was geschehen, bittet er Gott, ihn über die Herkunft der Kinder aufzuklären. Darauf erscheint ein Engel, teilt ihm mit, dass es König Oranios Kinder seien, und fordert ihn auf, dieselben zu taufen und dann an den Hof zu gehen, wo die zum Tode verurteilte Mutter gerettet werden müsse. Der Engel hilft dem Einsiedler die Kinder taufen und giebt dem ältesten Sohne den Namen Tasso, dem zweiten Oriano, dem dritten Ulianfuriano und dem Mädchen Belpome. Er befiehlt dann dem Tasso, am Hofe in Belfiore zur Befreiung seiner Mutter den Kampf gegen jeden, wer es auch sei, aufzunehmen, und belehrt den Einsiedler über alles Schlechte, was Mattabruna gethan, damit er dem Könige die Augen öffnen könne. Nachdem Belpome in einem Kloster zurückgelassen, zieht der Einsiedler mit den drei Brüdern nach Belfiore, wo gerade Stella zum Scheiterhaufen geführt wird. Mattabruna macht bekannt, dass wer für Stella kämpfen wolle, Triadasse zum Gegner haben werde, der in voller Rüstung zugegen ist. Stella fleht zu Gott, er möge ihr, ehe sie sterben müsse, gewähren, einen ihrer Söhne zu sehen. Darauf tritt Tasso vor und erschlägt, als Triadasse die Stella schmäht, diesen mit einem Hiebe. Nun enthüllt der Eremit dem Oriano alle Schandthaten der Mattabruna. Der König will in seinem Zorne selbst die letztere töten, wird aber durch den Einsiedler daran verhindert, der sie zunächst ins Gefängnis werfen lässt. Stella wird alsbald befreit, Belpome aus dem Kloster geholt und schliesslich Mattabruna gevierteilt.

7

Das Gedicht gehört in den Kreis des Märchens von den Schwanenkindern. G. Paris, Romania XIX 315 fl. hat die vier ältesten Bearbeitungen, auf welche alle übrigen — abgesehen von einer keltischen, über welche F. Lot ebd. XXI 62 gehandelt hat — zurückgehen, besprochen und einen Stammbaum derselben aufgestellt. Unser Gedicht steht der an vierter Stelle erwähnten Redaktion „Béatrix" sehr nahe, d. h. der Darstellung im *Chevalier au Cygne* ed. Hippeau I S. 3 fl., und ist in der That eine Bearbeitung eben dieser Redaktion, wie dies bereits D'Ancona, Sacre Rappresentazioni III 241 und 318 ausgesprochen hat.

Freilich hat der Italiener einige Einzelheiten geändert. Er mochte gehört haben, dass bei Menschen höchstens Vierlinge, nicht aber Siebenlinge vorkommen; deshalb lässt er die Königin nur mit vier Kindern statt der sieben niederkommen. Über den mittelalterlichen Volksglauben, dass die Geburt von mehr als einem Kinde auf einmal auf eheliche Untreue der Mutter schliessen lasse, ist er erhaben; er lässt daher dieses Motiv beiseite*. Die halbtierische Natur der Kinder hat er aufgegeben. Die Kettchen derselben haben unter diesen Umständen keinen Zweck mehr, und der Dichter hätte sie folgerichtig ebenfalls beiseite lassen sollen. Er hat sie jedoch beibehalten, dagegen die Feen, welche sie den Kindern gleich nach der Geburt umlegen, und den Becher, der aus dem einen Kettchen gemacht wird, aufgegeben.

Andrerseits hat er das übernatürliche Element durch Einführung einiger kleiner Züge erweitert. Der älteste Sohn hat ein besonderes Zeichen an seinem Körper, welches ihn als künftigen König von Spanien kennzeichnet. Ein Engel versieht die der Pflege der Hirschkuh entwachsenen Kinder mit Lebensmitteln. Auch die Umwandlung eines Försters in einen Riesen gehört hierher.

Von Namen hat der Italiener Matabrune = Maltabruna und Oriant = Oriano beibehalten. Alle übrigen sind geändert. Oriano ist nicht König von L'Illefort (L'Ille-Fort), sondern von Spanien und wohnt in Belfiore. Die Königin Beatrix hat den Namen Stella erhalten, welcher offenbar der *Rappresentazione di Stella* (D'Ancona, Sacre Rappresentazioni III 319) entlehnt ist, welche insofern mit unserm Gedichte eine gewisse Ähnlichkeit hat, als dieselbe von den Verfolgungen handelt, welche eine Stieftochter von ihrer Stiefmutter zu erdulden hat. Der Marke der französischen Quelle heisst im italienischen Gedichte Guido, Malquarré heisst Triadasse, und statt Elyas erhält der für seine Mutter kämpfende Sohn den Namen Tasso.

Zur Erzählung von den Schwanenkindern vgl. noch die Nachweise zu Grimms Märchen No 49 (Die sechs Schwäne); Rappresentazione di Santa Uliva, ed. D'An-

---

* Aus dem Fehlen desselben, in Übereinstimmung mit *Dolopathos* und *Eliose* gegen *Isomberte* und *Béatrix*, ist daher weiter nichts in Beziehung auf die Verwandtschaftsverhältnisse zu schliessen. Ebensowenig daraus, dass die Kinder die Kettchen, wie in *Dolopathos* und *Eliose*, gleich mit auf die Welt bringen.

cona XVI; V. Imbriani, La Novellaja fiorentina ² 93; Pitrè, Fiabe Novelle e Racconti pop. sicil. II 152; D'Ancona, Orig. del Teatro ital. ² II 240 *(Maggio della Mattabruna)*; G. Rua, Giorn. stor. XVI 238. „Die sieben Schwanen" in Bechsteins Märchenbuche, „einer altdeutschen Papierhandschrift" entnommen, sind thatsächlich nur eine Übersetzung der Redaktion im Dolopathos.

XVII.
Istoria di Florindo e Chiarastella.

Bl. 1r. Titel: *La hiftoria di Florindo.* 4 Blätter ohne Signaturen, gotische Schrift, zweispaltig, auf jeder Seite, einschliesslich Bl. 1r., 12 Oktaven, im ganzen 96.

Anfang:

O Glorlofo Re celeftialo
o infinita fapientia o patre eterno
o creature de tutto vniuerfale
non mi laffar qua giu fenza gouerno.

Schluss:

perche lui era morto in veritade
una priego il re dela fuperna gloria
che ci voglia far salui tuttiquanti
e collocarne in cielo fra li fol fanti.

Finisce lyftoria di Florindo.

Über die alten Ausgaben vgl. Passano, Novell. in Verso 57; Milchsack-D'Ancona, Due Farse 166. Die obige Ausgabe fehlt dort. Ebenso eine Padova 1699, welche Hibbert besass (s. dessen Katalog No 3934).

Der Inhalt ist der folgende. Dem Könige Gulisse (Golisse) von Spanien prophezeit ein astrologiekundiger Bauer, den er in der Nähe Roms antrifft, sein (des Bauern) soeben geborener Sohn werde einst König von Spanien werden. Gulisse nimmt den Knaben, unter dem Vorwande für ihn sorgen zu wollen, mit sich fort, bringt ihm, als er in einen Wald gekommen ist, einen Stich in den Hals bei und lässt ihn für tot zurück. Ein in dem Walde jagender Baron findet den noch lebenden Knaben und zieht ihn auf. Als dieser, dem der Name Florindo beigelegt ist, herangewachsen, erfährt er durch einen Spielgefährten, dass er nicht der Sohn des Barons sei, und zieht fort in die Welt, um seinen Vater aufzusuchen. Dabei kommt er nach Saragossa, besiegt dort einen Ritter, wird hierdurch mit Chiarastella, der einzigen Tochter des Königs Gulisse, bekannt und verliebt sich in sie, welche Liebe von ihr erwidert wird. Bald darauf wird Chiarastella zu ihrem Oheime Cabrino, dem Könige von Portugal, auf Besuch geschickt.

Gulisse erfährt gelegentlich aus Florindos Munde, wie er im Walde gefunden sei, und erkennt sofort, wen er in Florindo vor sich habe. Er schickt diesen darauf an Cabrino mit einem Briefe, in welchem letzterer aufgefordert wird, Florindo töten zu lassen. Als aber Florindo an Cabrinos Hofe ankommt, schläft letzterer gerade. Zufällig trifft Florindo um mit Chiarastella zusammen, welche trotz seines Widerspruchs den Brief liest und durch einen andern ersetzt, in welchem Cabrino aufgefordert wird, dem Überbringer die Chiarastella zur Frau zu geben. Dies geschieht. Zur rechten Zeit stirbt dann Gulisse, wodurch Florindo König von Spanien wird.

Diese Erzählung, die orientalischen Ursprungs ist, ist weit verbreitet. Vgl. die Litteraturzusammenstellungen bei W. A. Clouston, Pop. Tales II 458 fl. und J. Riegel, Die Quellen von W. Morris' Dichtung The Earthly Paradise (Erl. Beiträge IX) 8 fl. Ich trage einiges nach. Ziemlich nahe unserm Gedichte steht ein sizilianisches Märchen *Lu Mirranti 'smailitu Giumentu* (Der arabische Kaufmann Giumento) bei Pitrè, Fiabe Novelle e Racconti pop. sicil. II 339. Auf eine andere Fassung *Il Re di Spagna*, No VI bei Gubernatis, Novelline di S. Stefano, weist Pitrè S. 345 hin, wo noch einige weitere Nachweise. Sehr nahe dem Gedichte steht die in Pistoja aufgezeichnete Erzählung bei V. Imbriani, La' Novellaja florentina [2] 500 (wo auch S. 505 einige Nachweise), wonach bei C. Causa, I Racconti delle Fate (Firenze 1891) 99. Ein genuesisches Märchen bei James Bruyn Andrews, Contes ligures (Paris 1892) No 52, das mit dem Gedichte fast durchaus übereinstimmen soll, erwähnt M. Hippe, Engl. Stud. XVII 236. Mehrere Züge haben in eine sizilianische Fassung der Gregorius-Sage bei Pitrè a.a.O. III 33 Aufnahme gefunden. Lope de Vega hat die Erzählung in der Gestalt, wie sie an den deutschen Kaiser Konrad angelehnt ist (s. Riegel a. a. O. 81, in seinem *Dios hace Reyes* (Gott macht Könige) auf die Bühne gebracht; vgl. W. Hennigs, Studien zu Lope de Vega (1891) 49.

Über andere Erzählungen von gefälschten Briefen vgl. R. Köhler bei L. Gonzenbach, Sicilianische Märchen, zu No 24; D'Ancona, La Rappresentazione di Santa Uliva S. XV fl.; G. Paris, Romania XIX 320 und 324.

XVIII.
Novella di Paganino e Ricciardo.

Bl. 1r. Titel: *Nouella di Paganino & die melfer Ricciardo.* 4 Blätter ohne Signaturen, römische Schrift, zweispaltig, auf der Seite, einschliesslich Bl. 1r., 10 Oktaven, im ganzen 80.

Anfang:

Immaculato idio fignor perfecto
doua per gratia a te femper ricorro
per leuirtu che tu infondi la mio pecto
collaqual fempre elmlo fenfo forcorro.

Schluss:

pigliate exemplo uoi qual firichiede
fe non uolete con doglia ftentare
dinon tor donna et ftar con fofta et rifo
diqna fia uita & dlla paradifo.

F I N I S.

Es ist eine bis jetzt völlig unbekannte Bearbeitung der zehnten Novelle des zweiten Tages des Dekamerons, in welcher erzählt wird, wie der Seeräuber Paganino dem alten Richter Ricciardo seine hübsche junge Frau raubt. Ricciardo fordert sie, nachdem er ihren Aufenthaltsort erfahren, von Paganino zurück. Letzterer stellt der Frau die Entscheidung anheim. Diese aber giebt dem jugendlichen Paganino den Vorzug vor dem alten Ricciardo.

Über die litterarhistorische Seite vgl. Landau, Quellen des Dek. [2] 301 fl.; La Fontaine, ed. Regnier IV 327; auch Cappelletti, Propugn. XVI b 217. Vinc. Brugiantinos Bearbeitung der Novelle Boccaccios *(Cento Novelle)* ist von der obigen unabhängig.

XIX.
La Guerra di Parma.

Bl. 1r. Titel: *LA GVERA DE PARMA.* Derselbe steht auf einem Bande im obern Teile eines Holzschnittes. Auf letzterm ist in unserm Exemplare dem Ritter links der obere Teil des Kopfes fortgeschnitten. 4 Blätter ohne Signaturen, gotische Schrift, zweispaltig, auf jedem Blatte 10, Bl. 1r. nur 6 Strophen, im ganzen 76.

Aufang:

OGloriofo omnipotente idio
donami gratia chio poffa cantare
fecundo el tuo honore e mio diffo
la rotta de franciofi rachontare.

Schluss:

cofi ciafcun dilor poffe tornare
che refto viuo dentro alle lor mura
el Re tornoffi in francia adio fia gloria
acui honor finita e quefta ftoria.   Finis.

Über die einzige weitere bekannte Ausgabe, den Inhalt und die Entstehungszeit des Gedichtes vgl. oben S. 5 und S. 7 fl. Es ist nach dem obigen Drucke veröffentlicht von H. Ungemach im Programme des Gymnasiums in Schweinfurt 1892. *

—

* Der Abdruck ist im allgemeinen sehr sorgfältig. Doch sind einige Versehen unter-
gelaufen und an einzelnen Stellen die Besserungen statt in die Fussnoten in den Text geraten.
Das Original hat (ich bezeichne die Zeilen innerhalb der Oktaven mit Buchstaben): 2 g *ricorse*,
4 e *quando* (gedruckt *qñ*), 5 b *l'armate*, 10 f *promte*, 11 b *acquistare*, 19 d *con sue* (ohne *le*), 23 b *signor*,
32 b *suo* (d. h. *suo'*), 33 b *el* st. *il*, 33 f *Ferneso*, 33 b *forza*, 34 a *Galeazo*, 39 b *soueua*, 45 a *squdrone*
(so), 48 d *signor*, 50 c *fare*, 50 f *suo* (d. h. *suo'*), 53 c *sir* st. *signor*, 55 c *rao*, 59 b *asembiaua*, 59 f
morto i fue, 61 d *suo* (d. h. *suo'*), 62 f *hauer suo'* (ohne *le*), 66 c *promto*, 66 d *de* st. *di*, 66 h *al
signor*, 69 g *parte*, 70 a *famore*, 71 a *Franzosi*, 73 b *hauere*, 75 b *Franchi* st. *Franciosi*. Von dem
öfter anstatt *u* gedruckten *r* und umgekehrt sehe ich ab. Vier jener Stellen hat der Herausgeber selbst im Litt.-Bl. XIII 323 (auch in den einigen Exemplaren der Ausgabe angefügten

XX.
Ipolito Buondelmonti e Dianora de' Bardi.

Bl. 1 r. Titel: *Ipolito Buondelmonti & Dianora de Bardi ciptadini fiorentini.*
Darunter ein die ganze Seite einnehmender Holzschnitt, dessen Mittelstück auf
S. 55 zu finden ist. Die Rückseite ist leer, und der Text beginnt Bl. 2 r. 8 Blätter,
einschliesslich des ersten; auf Bl. 3 die Signatur *a III*; römische Schrift, zweispaltig, auf jeder Seite 5, der letzten 4, im ganzen 108 Oktaven.

Anfang:

O Somma sapientia o nero Idio
dacui procede ogni infinita gloria
a te ricorro con tutto il cor mio
che gratia presti amla debil memoria.

Schluss:

qualunque almondo e dital amor pieno
non fento drento akore affanul o pene
adunche seguitiamo ilfacro amore
questa storia e finita aluoftro honore.

Finito Ipolito buondelmonti & Dianora de Bardi ciptadini fiorentini [Finis.

Über die Ausgaben vgl. Brunet, Man. III 219; Passano, Novell in Verso 122;
Milchsack-D'Ancona, Due Farse 183; Passano, Suppl. zu Melzi, Dizionario di Op.
anon. e pseudon. 362. Die obige ist nirgends verzeichnet.

Der Inhalt ist der folgende. In Florenz lebten zwei reiche und ange-
sehene Bürger, Amerigho und Buondelmonte, welche miteinander verfeindet waren.
Der erstere hatte eine Tochter, Dianora, der letztere einen Sohn, Ipolito. Die
beiden Kinder treffen sich einst in der Kirche und verlieben sich alsbald ineinander;
doch scheint ihre Liebe hoffnungslos. Ipolitos Mutter merkt seine Traurigkeit, und
er teilt ihr endlich den Sachverhalt mit. Darauf begiebt sich dieselbe zur Abtissin
eines in dem nahen Monticegli gelegenen Klosters, mit welcher Dianora befreundet
ist. Sie teilt ihr die Angelegenheit mit und bittet sie um Rat. Die Äbtissin
verspricht zu helfen, und bestellt Ipolito auf den nächsten Sonntag ins Kloster.
Sie veranstaltet ein grosses Fest, zu welchem neben vielen andern jungen Mädchen
auch Dianora eingeladen wird. Ipolito findet sich ein, und die Äbtissin teilt ihm
mit, am folgenden Tage werde Dianora in ihrem (der Abtissin) Zimmer schlafen
und er solle, ohne von der Geliebten gesehen zu werden, oberhalb des Bettes stehen.
Aber er muss ihr versprechen, der Dianora nicht Gewalt anzuthun.

Am folgenden Tage kommt Dianora. Am Abend führt die Abtissin die Dianora
in ihr Zimmer. Ipolito sieht zu, wie sie sich zur Ruh begiebt, und hört, wie sie,
ohne von seiner Gegenwart eine Ahnung zu haben, ihre Liebe zu ihm bekennt.
Später tritt er aus seinem Verstecke hervor, hält jedoch sein der Abtissin gegebenes
Versprechen. Aber Dianora giebt ihrem Geliebten an, wie er mit Hülfe einer Strickleiter in ihr Gemach im väterlichen Hause gelangen könne. Dann trennen sie sich,
und jeder kehrt nach Haus zurück. Als der nächste Abend herangekommen, macht

---

"Nachträgen und Berichtigungen") gebessert. — Für die Erklärung und Textkritik des Gedichtes
ist trotz der Bemühungen des Herausgebers noch manches zu thun (vgl. z. B. die metrisch fehler-
haften Verse 7 c, 3ᵇᵇ, 66 f, 67 g, 69 b).

sich Ipolito mit einer Strickleiter auf den Weg zum Hause Dianoras, begegnet aber ihrem Vater, der ihn festnehmen und ins Gefängnis werfen lässt. Um Dianora nicht zu kompromittieren, sagt er aus, er habe die Strickleiter zum Stehlen brauchen wollen und wird daher zum Tode verurteilt. Als er nun an dem Hause der Geliebten vorbei zum Galgen geführt wird, eilt diese auf die Strasse und umarmt ihn. Darauf werden beide vor die *Signoria* geführt, wo die Sache aufgeklärt und die beiden feindlichen Väter ausgesöhnt werden, worauf die Ehe die Liebenden vereinigt.

Nach A. Bonucci (vgl. Passano, Novell. in Verso 290 und Suppl. zu Melzi, Dizionario di Op. anon. e pseudon. 362) beruht das Gedicht auf der Prosadarstellung (vgl. über die Ausgaben Passano, Novell. in Prosa [2] I 454 *; Brunet, Man. IV 126), und ist kein Geringerer als Leon Battista Alberti der Verfasser desselben, von dem auch die Prosa herrühren soll (vgl. Passano, Suppl. zu Melzi 226).

Die Erzählung ist in Italien sehr bekannt, und noch neuerdings hat Arduino Cianchi sie zu einem Romane verarbeitet (Firenze 1879).

---

*) Von der an dritter Stelle erwähnten undatierten Ausgabe kennt Passano drei Exemplare. Ein viertes ist im Besitze der Hofbibliothek in Wien (Inc. IV G. 22).

XXI.
Uberto e Philomena.

Bl. 1r. Titel: *Uberto & Philomena Tracta damore*. Darunter, die ganze Seite ein-
nehmend, ein Holzschnitt. Bl. 1v. *Incominria una nobilissima operetta decta Philo-
mena. nella qual si tracta | Primo Duberto & Philomena & poi defilso Uberto & alba
figlia del Duca di bor|gogua*. Darauf folgt: *Prologo. POi che mia fortuna o
uer destino | uuol che ogui mio parlare sia pur | damore. ilqual nel mille quattro
cento | Daprile uolse che io fusse arrescere elnu|mero defuoi fuggeti. & con questolal|
pefo fon io nel decimo anuo tranfcorfo|con tanta paffione che ognaltra e poca|da
molti uedendo chel conforto demife|ri & auelerfi uella miferia accompagna|to. Et pero
mi piace col configlio eterno|di dua infeliciffimi amnuti contare lalo;ro difauenturn
laquale in parte mi pare|affai conforme allinenrabile & amoro?fe pene mie. che
mhanno imbionchile le|tempie che gia quasi agli quaronta auni|uicino di troppo piu
etade che io uon fon|porge a ciajchnuo che mi uede manife|sto feguale*. Bl. 2r.
beginnt das Gedicht.

Es sind 40 Blätter, einschliesslich des ersten, mit den Signaturen a—e; römische
Schrift. Bl. 2 bis 39 enthalten auf Vorder- und Rückseite, zweispaltig, je 8 Oktaven,
ausser Bl. 18v., das nur 7 hat. Bl. 40r. hat 4 Oktaven in einer Spalte, und die
Rückseite ist leer. Im ganzen sind es 611 Oktaven.

Anfang:

AMor misforza & credo per mia pace
uuol pur che fofpirando renouelle
lautica fiamma choggi mi difface
chi chiama loue Luna & chi leftelle
& lo amor mndonna chal mlo cor giace
chiamo & priego con mie rime bello
poffa moftrare laragion del mio dolore
che gia gran tempo ml confuma elcore.

Schluss:

Fuggite o fciocchi uenerar cupido
fuggite amor elfuo pungente ftrale
prima chal peeto uoftro faccia nido
olme che glle caglon di tanto male
che lauima fi perde & elo uaffido
che fa cader chi piu in alto fale
con uita graue piu che morte affai
o uituperato fiu non maucha mai.

Finito Vberto & Philomena & Alba cho tracta damore.

Über die Ausgaben vgl. Biblioth. Heberiana II No 6159—60; Brunet, Man. V 998;
Zambrini, Op. volg.⁴ 981. Unsere Ausgabe ist bis jetzt unbekannt.

Zambrini hält das Gedicht für ein Werk des 14. Jahrh. Indessen geht aus
dem oben mitgeteilten *Prologo* hervor, dass der unbekannte Dichter i. J. 1400 geboren ist und sein Werk um 1440 geschrieben hat.

Der Inhalt dieses sehr umfangreichen Romanes ist der folgende*. Uberto, Sohn
des gleichnamigen Königs von Neapel, wird von heftiger Liebe zu einer Dame,
Namens Philomena **, ergriffen, vermag jedoch nicht, sich derselben zu nähern, da

---

* Von Strophe 38—213 spricht der Dichter von Uberto auffälliger Weise austart in der
dritten stets in der ersten Person, als ob er seine eigenen Erlebnisse erzählte, worauf dann
in Strophe 214 der Name Uberto wieder eintritt. — ** Der Name Philomena erscheint erst in
Strophe 201.

sie äusserst zurückgezogen lebt. Da erbietet sich eines Tages seine frühere Amme,

die Vermittlung zu übernehmen und durch einen Brief Ubertos sowie ihre eigene

Beredsamkeit das Herz der stolzen Geliebten zu erweichen. Allein sobald Philomena den Anfang des Briefes gelesen hat, gerät sie in heftigen Zorn und weist der Amme die Thür, so dass diese mit weinenden Augen zurückkommt und Uberto bittet, sich diese Liebe aus dem Sinne zu schlagen. Uberto ist der Verzweiflung nahe. Da versucht die Amme noch einmal ihr Glück bei Philomena, dieses Mal mit besserm Erfolge, denn sie erwirkt für ihren Schützling die Erlaubnis einer Zusammenkunft mit der Geliebten. Zur bestimmten Stunde findet Uberto sich ein und wird von Philomena freundlich empfangen; schliesslich aber erklärt sie ihm, sie werde ihm ihre Hand nur dann reichen, wenn er imstande sei, ein ganzes Jahr lang unverbrüchliches Schweigen zu beobachten. Betrübt geht Uberto mit diesem Bescheide von dannen. Da er sich jedoch der Liebe zu Philomena nicht zu entziehen vermag, so beschliesst er, ihrem Verlangen Folge zu leisten und verbringt trauernd seine Tage. Endlich kommt ihm der Gedanke, in die Ferne zu ziehen, um durch den Anblick fremder Länder und Menschen seinen Kummer zu vergessen, und er begiebt sich, nur von einem treuen Diener begleitet und ohne Abschied zu nehmen, auf die Reise.

Nach geraumer Zeit gelangt er eines Tages in der Nähe von Paris an einen Ort, an welchem ein prächtiges Turnier abgehalten wird. Unwillig wendet er sich ab und reitet weiter nach Paris. Dort steigt er in einem Gasthofe ab, dessen hübsche Besitzerin, Namens Serena, bei seinem Anblick sogleich in heisser Liebe entbrennt, ihn aufs beste bewirtet und sich alle erdenkliche Mühe giebt, sein Herz zu rühren. Uberto bleibt stumm und kalt. Er hört dort, dass das bereits einen Monat dauernde Turnier, dessen Siegespreis in der Hand der Tochter des Herzogs von Burgund, Namens Alba, der Nichte des Königs von Frankreich, besteht, den kommenden Tag zu Ende gehen wird, und dies bestimmt ihn am nächsten Morgen, sich am Kampfe zu beteiligen und zu versuchen, ob er im Spiele der Waffen bessern Erfolg zu erringen vermöge als bei seiner geliebten Philomena. In der That ist ihm das Glück überaus günstig. Er hebt einen Ritter nach dem andern aus dem Sattel, und auch sein letzter, gefährlichster Gegner, ein bereits siebzigjähriger kalabresischer Ritter von ungeheuerer Stärke, der bisher stets Sieger geblieben, wird nach langem Kampfe zu Tode verwundet vom Platze getragen. Unter dem Jubel des Volkes wird Uberto vor den König geführt, und seine grosse Schönheit erregt nicht nur die ungeteilte Bewunderung des ganzen Hofes, sondern ruft auch im Herzen der Alba sofort eine tiefgehende Neigung zu ihrem, wie sie annehmen muss, künftigen Gatten hervor. Zum allgemeinen Erstaunen schweigt jedoch der unbekannte Ritter auf alle Fragen hartnäckig. Abends kehrt man nach Paris zurück, wo er im königlichen Schlosse Wohnung nimmt.

Da alle Versuche, Uberto zum Reden zu bringen, sich als vergeblich erweisen, ist man am königlichen Hofe in nicht geringer Verlegenheit, umsomehr als Alba erklärt hat, dass sie nur diesem und keinem andern Manne ihre Hand reichen werde. Endlich erlässt der König einen Aufruf an alle Ärzte der Welt, nach

Paris zu kommen und durch ihre Kunst dem stummen Ritter die Sprache zu verschaffen; auf die glückliche Heilung des Gebrechens innerhalb vier Monaten setzt er einen Preis von 30000 Dukaten. Daraufhin strömen von allen Seiten zahllose Ärzte herbei, ihr Glück zu versuchen, natürlich ohne Erfolg. Um schliesslich ihrem lästigen Treiben ein Ende zu machen, ergeht auf Anraten des Herzogs von Burgund eine weitere Verordnung des Königs, dass jeder, der die Heilung des Ritters unternehme, ohne innerhalb zwölf Stunden damit zustande zu kommen, sofort enthauptet werden solle, und einige dreissig Abenteurer büssen ihre Wagehalsigkeit mit dem Leben.

Inzwischen ist die Kunde von dem stummen Ritter und der Verordnung des Königs auch nach Neapel zu Philomena gedrungen. Sie beschliesst, als Arzt verkleidet nach Paris zu reisen, um den hohen Preis zu gewinnen, und gelangt gerade zwei Tage vor Ablauf der Frist, welche sie dem Uberto gesetzt hat, dort an. Zufällig steigt auch sie bei der Serena ab, und diese wendet unverzüglich ihr Herz dem neuen Ankömmling zu, natürlich mit ebensowenig Erfolg wie bei Uberto. Philomena wird am nächsten Morgen bei Hofe wohlwollend aufgenommen. Als sie aber des Abends, in ihrer weiblichen Kleidung, aufs prächtigste geschmückt, vor Uberto tritt und freundlich zu ihm spricht, wendet sich dieser, obwohl er sie sogleich erkannt hat, von ihr ab, ohne ein Wort zu erwidern. Bestürzt über die unerwartete Zurückweisung bricht sie in Klagen aus; aber trotz ihrer flehentlichen Bitten um Verzeihung verharrt Uberto in dumpfem Schweigen, und der herannahende Morgen trifft sie in voller Verzweiflung. So finden sie die Diener des Herzogs, die sich nach dem Erfolge des Arztes erkundigen sollen; und kaum hat sie wieder ihre Verkleidung angelegt, so wird sie nach dem Gerichtssaale geführt und das Urteil über sie gesprochen. Schon holt der Henker mit mächtigem Streiche aus, um sie zu enthaupten, da fällt ihm Uberto, welcher der Philomena nicht von der Seite gekommen ist, in den Arm und bittet laut für sie um Gnade. Alles gerät über diese unverhoffte Wendung der Dinge in Entzücken, insbesondere ist Alba bei der Nachricht von der überraschenden Heilung Ubertos vor Freude ausser sich. Letzterer aber ruft den Herzog beiseite und enthüllt ihm, nachdem er sich im voraus unbedingte Verzeihung hat zusichern lassen, den wahren Sachverhalt. So wird die Vermählung Ubertos mit Philomena noch demselben Tag am königlichen Hofe mit grösster Pracht gefeiert, und am nächsten Morgen brechen beide, reichlich mit Geschenken bedacht, auf, um nach ihrer Heimat zurückzukehren. Die unglückliche Alba aber verlässt insgeheim den Hof ihres Vaters, um in der Einsamkeit von Klostermauern ihr Unglück zu beweinen.

Die beiden Neuvermählten sind mittlerweile in Neapel angekommen, und Uberto hält sich für den Glücklichsten aller Sterblichen. Allein sein Glück ist nicht von langer Dauer. Schon nach sechs Monaten stirbt Philomena unerwartet und lässt den verzweifelnden Gatten allein zurück. Ein ganzes Jahr verbringt dieser in tiefster

8 *

Trauer. Da erhält er eines Tages von Alba, die den Tod Philomenus erfahren hat, einen Brief, in welchem sie ihm ihre Liebe gesteht und ihn um Erbarmen anfleht. Voll Mitleid sucht Uberto sie in seiner Antwort zu trösten und verspricht ihr, in kürzester Zeit bei ihr zu sein. Wirklich macht er sich auf den Weg nach Paris und wird dort am königlichen Hofe ehrenvoll empfangen. Sobald Alba seine Ankunft erfahren hat, bittet sie ihn um eine Unterredung. Uberto willfahrt ihr und gelobt, ihr seine Hand zu reichen, ja selbst, wenn nötig, sie gegen den Willen ihres Vaters zu entführen. Die Zusammenkunft wird jedoch dem Herzoge alsbald hinterbracht, und dieser beschliesst, sich an Uberto zu rächen. Er lässt ihn in der Nacht überfallen und ermorden. Das Haupt übersendet er seiner Tochter in einer goldenen Schale. Diesen letzten Schlag vermag Alba nicht zu überwinden. Sie giesst ein seit längerer Zeit bereitgehaltenes Gift in die Schale, leert dieselbe und giebt nach kurzer Zeit ihren Geist auf. Der durch diesen Ausgang aufs tiefste erschütterte Herzog lässt die beiden Leichen in ein gemeinsames Grab legen und darüber ein prächtiges Denkmal errichten.

Die Erzählung ist in zwei Bücher geteilt, von denen das erste (Bl. 2r. bis 18v.) bis zur Verheiratung Ubertos mit Philomena reicht. Für diesen Teil der Erzählung ist mir eine Quelle nicht bekannt, während der andere Teil im wesentlichen auf Boccaccios Novelle von Ghismonda und Guiscardo (Dekameron IV 1) beruht. Über die letztere vgl. Cl. Sherwood, Die neuenglischen Bearbeitungen der Erzählung Boccaccios von Ghismonda und Guiscardo (Berlin, Diss. 1892) nebst meinen Nachträgen im Litt.-Blatt f. germ. und rom. Phil. XIII No 10. Vgl. auch ebd. XIII Sp. 13.

Register.